십계명에 담겨진

하나님의 성품

찾아가기

십계명에 담겨진
하나님의 성품
찾아가기

발　　행 | 2019년 12월 10일

발 행 처 | 예수교대한성결교회 총회(도서출판JKSC)

발 행 인 | 문정민

편　　집 | 총회 교육국

등　　록 | 1974.2.1. No. 300-1974-2

www.sungkyul.org

보 급 처 | 총회 교육국

　　　　　070-7132-0020

제　　작 | 도서출판 하늘기획

값 9,000원

십계명에 담겨진

하나님의 성품

찾아가기

도서출판
JKSC

하나님의 말씀인 성경을 바르게 배우고 알고 있으면 힘과 능력이 나타나게 됩니다. 그러므로 그리스도인들은 늘 겸손한 마음으로 주의 말씀을 배워 힘 있게 주님의 뜻을 실천하는 삶을 살아야 합니다.

구약시대는 율법을 중심으로 살아온 시대라면, 신약시대는 예수 그리스도의 십자가 은혜로 사는 시대입니다. 은혜의 시대에 사는 오늘날, 구약성경의 중요성이 신약성경에 비해 약화될 때가 있습니다. 그러나 신약성경의 바탕이 되는 구약성경은 그리스도인들의 신앙생활에 좋은 지침을 제공합니다. 디모데후서 3장 16절은 "모든 성경은 하나님의 감동으로 된 것으로 교훈과 책망과 바르게 함과 의로 교육하기에 유익함"을 말씀하고 있습니다. 그러므로 구약성경 역시 하나님의 감동으로 기록된 말씀으로 그리스도인들에게 하나님의 법도와 율례를 가르쳐주는 신앙적 유효성과 권위가 포함되어 있음을 알아야 할 것입니다.

특히 금년도에 발간한 〈십계명에 담겨진 하나님의 성품 찾아가기〉는 하나님의 뜻이 새겨져 있는 십계명의 말씀들을 보다 깊이 묵상하고, 그 속에 담긴 하나님의 성품을 배우고 닮아가게 될 것입니다.

그리스도인들이 이번 교재를 통해 하나님의 성품을 본받아 세상과 구별되는 삶을 누리며, 교회와 가정 그리고 공동체에서 온전한 하나님의 사람으로 살아가기를 기대합니다.

총회장 **문정민** 목사

소그룹 활용 방법

문안 → 신앙고백 → 찬송 → 기도 → 말씀

→ 합심 기도하기 → 찬송(헌금) → 헌금기도

→ 주기도문 → 광고(다음모임) → 교제와 친교

소그룹 인도 시 팁 활용방법

www.sungkyul.org → 총회본부 → 교육국 → 소그룹강사 활용자료

*성품의 정의와 핵심가치는 아이비엘피코리아 (IBLP-Korea)와 *Charater First!*® 한국품성계발원의 허락을 받고 사용하였습니다.

CONTENTS

성품을 소개합니다

영원한 멸망의 길을 걸어가고 있던 우리가 예수 그리스도를 믿음으로 구원을 받아 하나님의 자녀가 된 것은 너무나 감격스럽고 놀라운 일입니다. 그럼에도 구원은 신앙의 유일한 목표나 최종 목표가 아니라 신앙의 출발선에 있는 사건입니다. 그리스도인은 구원받은 것으로 만족해서는 안 되고 사도바울처럼 푯대를 향해 달려가야 합니다(빌 3:14). 구원받은 그리스도인이 바라보아야 할 신앙의 푯대 중 하나는 바로 그리스도의 성품을 닮아가는 것입니다. 다른 말로 하면 신의 성품을 회복하는 것입니다(벧후 1:4).

그리스도 안에서 새로운 피조물로 거듭난 이후에 아름다운 성품을 가지고 향기로운 신앙 생활하는 그리스도인을 우리는 종종 만나게 됩니다. 짧은 시

소그룹 인도

사도신경 : 다 같이 | 찬송 : 455장(통 507) | 기도 : 회원 중 | 본문말씀 : 벧후 1:4-9
새길말씀 : 벧후 1:4 | 헌금 찬송 : 211장 | 헌금 기도 : 회원 중 | 주기도문 : 다 같이

간이라도 대화와 교제를 나누게 되면, 그분들의 아름다운 성품과 인격에 끌리는 것을 느낍니다. 반면, 오랫동안 교회를 출석하며 직분을 받았지만, 주변 사람들에게 복음의 걸림돌이 되는 분들도 있습니다. 그분들이 성경 지식이 부족하거나, 교회에서 봉사를 안 해서가 아닙니다. 대부분은 변화되지 않은 성품 때문입니다. 과거에 형성되었던 좋지 못한 성품이 신앙생활을 통해 변화되어야 하는데, 내면의 성품은 변화되지 않고 신앙의 외적인 형태만 갖춰왔기 때문에 결국 복음의 걸림돌이 되기도 합니다. 하지만, 아름다운 성품은 복음을 담을 수 있는 그릇으로, 주변 사람들에게 복음에 대해 관심을 갖게 합니다. 이러한 성품이 무엇을 의미하는지, 그리스도인이 회복해야 할 성품에는 어떤 것이 있는지, 그 성품들은 어떻게 훈련할 수 있는지를 살펴보겠습니다.

성품이란 무엇인가요?

성품은 인성, 인격, 인품, 덕, 품성, 본성, 심성, 성격 등과 자주 혼용해서 사용되는 말로써, 부정적인 의미보다는 중립적 또는 긍정적인 의미로 더 많이 사용되는 말입니다. 우리말 사전은 성품을 '사람의 성질이나 됨됨이'라고 설명하고 있습니다. 즉, 단지 한두 번의 행동이 성품이 되는 것이 아니라 그 행동이 그 사람 안에 지속적인 모습, 성향 및 성질로 자리 잡았을 때 성품이라 할 수 있습니다.

일반적으로 성품은 크게 선천적으로 가지고 태어난 품성과 후천적으로 다듬어진 인품을 모두 포함하고 있습니다. 그러므로 성품을 단지 어떤 사람이 가진 본성적인 성향으로만 이해하기보다, 후천적으로 그런 인격적인 반응과 성향이 나오도록 다듬어지고 변화되고 성숙하게 된 영역까지도 포함해서 이해해야 합니다. 예를 들면, 선천적인 성향상 온유한 사람이 있을 수 있지만, 후천적으로 분노할 수 있는 상황에서도 오래 참고 온유할 수 있도록 다듬어지고 훈련됐다면, 그것도 온유의 성품에 속합니다.

그러나 신의 성품은 근원적으로 예수 그리스도를 영접하고 거듭남으로 하나님의 형상을 회복할 때, 신의 성품 즉 예수 그리스도의 성품을 소유할 수 있습니다. 예수 그리스도를 믿음으로 새 생명(새로운 피조물)을 얻을 때 그 생명 안에 내재 되어 있는 성품이 신의 성품입니다. 일반적인 성품은 사람의 성질이나 됨됨이에서 기반한다면, 신의 성품은 여호와 하나님으로부터 기인합니다. 그러므로 그리스도인은 신의 성품을 회복하고 소유하므로 세상을 변화시켜나가야 합니다.

"이로써 그 보배롭고 지극히 큰 약속을 우리에게 주사 이 약속으로 말미암아 너희가 정욕 때문에 세상에서 썩어질 것을 피하여 신성한 성품에 참여하는 자가 되게 하려 하셨느니라"(벧후 1:4)

어떤 성품을 회복해야 하나요?

원래 인간이 가진 성품은 자생적으로 생겨난 것이 아니라 인간을 만드신 창조주 하나님의 속성에 기원을 둡니다. 하나님께서 아담과 하와를 만드실 때 하나님의 형상을 따라 창조하셨습니다(창 1:26-27). 그러기에 인간은 여러 가지 면에서 하나님과 닮은 면을 가지고 있었습니다. 예를 들면, 하나님께서 가지신 속성 중에는 거룩(출 15:11), 공의(사 5:16), 선(시 118:1), 자비(시 111:4), 인자(시 107:1), 진실(출 34:6), 은혜(시 116:5), 사랑(요일 4:8), 오래 참음(출 34:6), 긍휼(엡 2:4) 등이 있는데, 하나님의 형상으로 지음을 받은 아담과 하와는 이런 하나님의 속성들을 공유하고 있었습니다.

그러나 아담과 하와가 사탄의 꾐에 넘어가 죄를 지었을 때, 그 죄가 그들과 하나님과의 사이를 갈라놓았고(사 59:2), 그로 인해 그들 안에 있는 신의 성품이 훼손되었습니다. 그리고 타락한 죄의 성품이 그들 안에 둥지를 틀게되어, 사람들 안에는 불의, 추악, 탐욕, 악의, 시기, 악독, 교만, 무정, 무자비 등의 타락한 죄의 성품들이 존재하게 되었습니다(롬 1:29-31).

그러나 우리를 사랑하시는 하나님의 놀라운 은혜와 예수 그리스도의 구속과 성령의 새롭게 하심으로, 우리는 새로운 피조물이 되었으며, 이때 하나님의 성품(신의 성품)을 회복하게 되었습니다. 신의 성품을 회복한 그리스도인들은 성령의 열매를 맺으며(갈 5:22-23), 그리스도의 장성한 분량까지 성장해야 합니다(엡 4:13-15).

그리스도인이 회복해야 할 성품은 앞에서 언급했던 아담과 하와가 타락하기 전에 가지고 있었던 하나님의 속성들입니다. 하나님의 속성들은 성경 안에서 엄청나게 많이 발견할 수 있습니다. 그 하나님의 속성 중에는 성령의 9가지 열매도 포함되어 있습니다. 또한 예수님이 공생애 가운데 보여주신 인격적인 특성들도 포함합니다. 거듭난 성도들은 회복된 신의 성품을 더욱 공고히 다지기 위해 훈련해야 합니다. 회복한 하나님의 성품을 훈련하기 위한 과정으로 십계명과 관련하여 20개의 성품을 소개합니다.

"오직 성령의 열매는 사랑과 희락과 화평과 오래 참음과 자비와 양선과 충성과 온유와 절제니 이같은 것을 금지할 법이 없느니라"(갈 5:22-23)

어떻게 회복된 하나님의 성품을 훈련할 수 있나요?

우리 안에 여전히 존재하고 있는 타락한 죄의 속성이 강력하게 영향력을 미치고 있기에 단순히 지식을 쌓거나, 금욕이나 수행과 같은 자신의 노력만으로 타락한 성품을 통제할 수 없음을 경험을 통해 이미 알고 있습니다.

첫째, 타락한 죄의 속성을 보며 진심으로 회개해야 합니다.

성품 훈련의 출발은 우리 안에 여전히 존재하면서 영향력을 발휘하고 있는 죄악 된 모습과 타락한 성품을 인식하는 것입니다. 그런 인식조차 없다면 변화의 걸음을 시작할 수 없습니다. 우리의 죄악 된 모습과 타락한 성품에 대해 하나님 앞에서 슬퍼하며 회개하지 않고, 자동으로 우리의 타락한 성품이 절제되기를 기대하는 것은 욕심이고 착각입니다. 죄를 회개함에 있어서도 형식적인 회개가 아니라, 참다운 회개가 있어야 합니다. 타락한 죄의 성품이 우리 안에 더 깊이 뿌리를 박아 고착이 된 정도 만큼 더 많이 하나님 앞에 눈물을 흘리며 죄를 회개해야 합니다.

둘째, 성령의 도우심을 구하며 성령으로 충만해야 합니다.
신의 성품을 훈련하는 것이 우리의 노력과 힘으로 가능하지 않음을 깨닫고, 성령의 도우심을 구해야 합니다. 실패와 연약함을 경험할 때마다 좌절하기보다, 하나님 앞에 나와 우리 자신의 무능을 고백하며 성령의 도우심을 구해야 할 것입니다.

성령의 9가지 열매가 모두 성품인 것을 생각해 볼 때, 단지 성령의 도우심만을 구할 것이 아니라 날마다 기도와 말씀 생활을 통해 성령 안에 거하며, 또한 성령을 따라 행하며(갈 5:16), 성령으로 충만해야(엡 5:18) 합니다. 성령은 바로 우리 주님의 영이시기에(행 8:39, 16:7), 성령으로 충만하다는 것은 바로 예수 그리스도로 충만한 것이고 그리스도의 지배를 받는 것을 의미합니다. 예수님도 요한복음 15장에서 '주님 안에 거하는 것이 열매를 맺는 최고의 방법' 임을 알려주셨습니다.

셋째, 신의 성품이 우리 내면에 자리 잡도록 훈련해야 합니다.
사도 베드로도 신의 성품에 참여한 자라도 예수 그리스도를 아는 지식에 풍성함을 위해 더욱 힘써 행할 것을 권고합니다. "그러므로 너희가 더욱 힘써 너희 믿음에 덕을, 덕에 지식을, 지식에 절제를, 절제에 인내를, 인내에 경건을, 경건에 형제 우애를, 형제 우애에 사랑을 더하라"(벧후 1:5-7)
그런데 성품의 열매를 맺기 위해서는 단순히 실천으로 옮기는 차원을 넘어 훈련이 필요합니다. 왜냐하면 어떤 행동이 우리의 내면의 성품으로 자리 잡기 위해서는 그 행동이 습관이 되고 또한 습관이 삶(성품)으로 발전하기 때문입니다. 성경은 타락한 죄의 성품이 우리의 본성 깊이까지 자리 잡고 쉽게 놓아주지 않기에, 경건에 이르도록 자신을 연단하고 훈련할 것을 권고하고 있습니다(딤전 4:7-8). 또한 사도 바울은 다른 성도들을 그리스도 안에서 완전한 자로 세우기 위해서 성령의 능력을 따라 힘을 다해 수고한다고 고백했습니다(골 1:28-29).

그리스도인은 회복한 신의 성품을 성경 말씀을 통해서 확인하고, 그것을 우리 내면에 뿌리내리기 위해서, 말씀과 기도를 통해서 훈련하고, 성령 안에 거함으로 성령의 능력을 받아, 매일 매일 아름다운 성품의 열매를 많이 맺어야 합니다.

"내 안에 거하라 나도 너희 안에 거하리라 가지가 포도나무에 붙어 있지 아니하면 스스로 열매를 맺을 수 없음 같이 너희도 내 안에 있지 아니하면 그러하리라 나는 포도나무요 너희는 가지라 그가 내 안에, 내가 그 안에 거하면 사람이 열매를 많이 맺나니 나를 떠나서는 너희가 아무 것도 할 수 없음이라"(요 15:4-5)

신의 성품을 회복한 그리스도인들도 성령의 열매를 맺으며
그리스도의 장성한 분량까지 성장해야 합니다.

십계명은 성도에게 어떤 의미일까요?

주변에 구원의 감격을 가지고 은혜가 넘쳐서 열심히 신앙생활을 하는 그리스도인들을 보셨습니까? 그분들의 모습에서는 무엇이 보이시나요? 억지로 또는 마지못해 신앙생활을 하는 것이 아니라 기쁨과 감사함으로 넘쳐서 신앙 생활하는 것을 보게 될 것입니다. 그런데 안타깝게도 오늘날 그리스도인들 중에도 바리새인들처럼 계명에 얽매여, 율법적이고 형식적인 신앙생활을 하는 분들이 있습니다. 왜 이런 모습으로 신앙생활을 하는 것일까요? 그 이유 중의 하나는, 신앙생활의 본질이 하나님 사랑과 이웃 사랑이라는 것을 깨닫지 못하고, 여전히 율법이나 계명을 지키는 것이 신앙생활이라고 오해하기 때문입니다. 이번 과에서는 하나님이 이스라엘 백성에게 주신

소그룹 인도

사도신경 : 다 같이 ┃ 찬송 : 315장(통 512) ┃ 기도 : 회원 중 ┃ 본문말씀 : 막 12:28-34
새길말씀 : 막 12:33 ┃ 헌금 찬송 : 213장(통 348) ┃ 헌금 기도 : 회원 중 ┃ 주기도문 : 다 같이

십계명이 무엇이고, 오늘날 그리스도인들에게 어떤 의미가 있는지, 십계명을 어떻게 지키는 것이 바람직한 것인지를 살펴보겠습니다.

십계명은 무엇인가요?

십계명은 하나님께서 이스라엘 백성들을 출애굽 시킨 후에, 시내 산에서 언약을 맺으시면서 주신 것입니다. 모세에게 돌 판에 새겨 주신 열 가지 계명으로서 율법의 가장 핵심이 되는 말씀입니다. 하나님께서는 자신이 택한 백성이, 주변의 가증스러운 이방 민족과 달리, 자신의 거룩한 성품을 따라 살기를 원하셨기 때문에 십계명을 비롯하여 율법을 주셨습니다. 그래서 십계명과 율법에는 하나님의 성품들이 반영되어 있으며, 거룩하고 의롭고 선한 하나님의 계명입니다(롬 8:12).

십계명은 크게 두 분분으로 나눠집니다. 1계명에서 4계명까지는 하나님과의 관계에서 지켜야 할 규례를 말씀하고 있고, 5계명에서 10계명까지는 사람과의 관계에서 지켜야 할 규례를 말씀하고 있습니다. 예수님은 마가복음 12장 28-32절 말씀에서 십계명을 포함하여 율법 전체를 하나님을 사랑하는 것과 이웃을 사랑하는 것으로 정리하셨습니다.

"예수께서 이르시되 네 마음을 다하고 목숨을 다하고 뜻을 다하여 주 너의 하나님을 사랑하라 하셨으니 이것이 크고 첫째 되는 계명이요 둘째도 그와 같으니 네 이웃을 네 자신 같이 사랑하라 하셨으니 이 두 계명이 온 율법과 선지자의 강령이니라"(마 22:37-40)

십계명은 성도들에게 어떤 의미가 있나요?

율법폐기론자들은 율법과 십계명은 구약의 이스라엘 백성에게 주신 계명이고, 복음이 오기 전까지만 유효한 복음의 그림자일 뿐이라 주장합니다. 예수님이 오셔서 율법을 완성하신 이후에는 구원받은 성도는 더는 구약의 율법과 십계명을 지킬 필요가 없다고 주장합니다. 그런 주장에 대한 성경적 근거가 전혀 없다고는 이야기할 수는 없으나, 그런 근거로 제시되는 성경 구절을 살펴보면 율법으로 온전한 죄사함에 이르지 못함을 이야기하고 있을 뿐이지 율법무용론을 주장하는 것은 아님을 알 수 있습니다(엡 2:15; 히 7:18). 즉, 예수 그리스도의 대속의 사건을 믿는 그리스도인들은 죄사함을 얻기 위해 율법을 다 준수하거나 율법에서 명하고 있는 구약의 제사를 다시 드릴 필요는 없지만(히 10:9, 12), 하나님이 언약의 백성에게 주신 율법과 십계명을 다 폐기 처분해야 하는 것은 아닙니다.

그러면 십계명은 그리스도인들에게 있어서 어떤 의미가 있나요? 십계명은 구원을 얻기 위해 지켜야 할 계명이 아니라, 구원받은 그리스도인들이 어떻게 하나님을 사랑하고 이웃들과 어떻게 살아가야 할지를 알려주신 영원한 규례입니다. 그러므로 예수 그리스도의 구속을 근거로 하나님의 백성들이 지켜야 할 영원한 규례인 십계명을 지킬 필요가 없다고 주장하는 것은 잘못된 주장입니다. 예수님도 자신이 율법을 폐하러 오신 것이 아니라 완전하게 하러 오셨다고 말씀하셨습니다. 그렇다면 십계명은 형식적으로 지켜야 하는 것이 아니라, 그 계명을 주신 하나님의 뜻과 의도대로 더 온전하게 지켜져야 합니다. 하나님의 은혜로 구원받은 그리스도인들은 자신이 가진 자유로 죄를 저지르기보다 하나님이 기뻐하시는 뜻에 순종하는 것이 합당하기 때문입니다(벧전 2:16).

"내가 율법이나 선지자를 폐하러 온 줄로 생각하지 말라 폐하러 온 것이 아니요 완전하게 하려 함이라 진실로 너희에게 이르노니 천지가 없어지기 전에는 율법의 일점 일획도 결코 없어지지 아니하고 다 이루리라"(마 5:17-18)

십계명은 어떻게 지키는 것이 바람직할까요?

오늘날에도 십계명을 폐기하는 것이 아니라 하나님의 의도에 맞게 온전히 지켜져야 한다면, 어떻게 지키는 것이 바람직할까요?

첫째, 외적인 행동보다 십계명의 참 의미와 의도에 초점을 맞추어야 합니다.

유대인들은 십계명을 오해하여 표면적인 행동으로 계명을 어기지 않으면 된다는 잘못된 생각에 빠져 외식으로 가득 찬 생활을 하고 있었습니다. 마태복음 5장에서 예수님은 그런 유대인들의 잘못된 생각을 깨닫게 해 주시기 위해서, 십계명에 담긴 하나님의 의도와 뜻을 맞도록 그 계명들을 재해석 해 주셨습니다. 예를 들면 "살인하지 말라"는 6계명은 단순히 그 계명으로 사람을 죽이지 말아야 함을 의도하신 것이 아니라, 다른 사람에게 노하거나 욕하거나 미워하기보다는 함께 화목하게 지내야 함을 의도하셨음을 알려주셨습니다. 즉 십계명에 적힌 문자 그대로만 지키면 된다는 생각은 너무나 단순한 생각이며, 오히려 그것이 십계명을 온전히 지키는 데 걸림돌이 될 수 있습니다. 그러므로 바람직한 방향은 하나님께서 십계명을 주시면서 우리에게 바라시는 뜻과 의도를 깨닫고, 다양한 상황 가운데 그 뜻과 의도가 실현될 수 있는 삶을 사는 것입니다.

둘째, 율법적으로 지키는 것이 아니라 사랑으로 행해야 합니다.

예수님은 모든 율법과 선지자의 강령은 하나님 사랑과 이웃 사랑으로 귀결된다는 생각을 가지고 계셨습니다. 실제적으로 십계명의 전반부는 하나님을 사랑하는 것과 관련되어 있고, 후반부는 이웃을 사랑하는 것과 밀접하게 관련되어 있습니다. 그럼에도 유대인들은 하나님 사랑과 이웃 사랑의 동기와 목적 없이, 십계명이라는 계명을 그냥 지키려다 보니, 원래의 율법을 주신 목적에서 벗어나 율법에 얽매인 종교적인 삶을 살게 되었습니다. 십계명을 가장 잘 지키는 방법은 다름이 아니라 하나님을 사랑하고 이웃을 사랑하는 마음으로 행하는 것입니다. 그러면 억지로 율법적으로 십계명을 지킬 필요가 없어집니다. 외식적인 행동도 할 필요가 없어지게 됩니다. 사도바울도 "온 율법은 네 이웃 사랑하기를 네 자신 같이 하라 하신 한 말씀에서 이루어졌나니"(갈 5:14)라고 선포합니다. 사랑이 율법의 완성입니다.

셋째, 예수님의 성품을 닮도록 힘씁니다.

십계명을 지키기 위해 외적인 행동만을 반복하는 것은 신앙생활을 버겁게 만들고 지치게 만듭니다. 그래서 외적인 행동에 치중하기보다는, 하나님이 십계명을 주신 뜻과 의도가 녹아져 있는 삶을 자연스럽게 살아갈 수 있도록, 하나님의 성품을 회복하는 것이 더 중요합니다. 바로 그것은 예수님의 성품을 닮아가는 것이고, 성령의 열매는 맺는 것입니다. 물론, 가장 중요한 성품은 사랑의 성품입니다. 사랑은 율법의 완성이기 때문입니다.

그런데, 예수님의 성품을 닮아가고, 성령의 열매를 맺을 힘과 능력이 우리 자체에 없습니다. 이 성품의 열매를 맺는 가장 중요한 방법은 바로 예수님 안에 거하는 것이고(요 15:4-5), 더욱 성령의 충만을 받는 것입니다(엡 5:18). 물론 성령의 도우심을 받아 우리 안에 죄로 인해 타락한 성품을 이기고, 회복된 하나님의 성품을 공고히 하기 위한 우리의 노력과 수고도 따라야 할 것입니다.

"사랑은 이웃에게 악을 행하지 아니하나니 그러므로 사랑은 율법의 완성이니라"(롬 13:10)

십계명은, 구원받은 그리스도인들이 어떻게 하나님을 사랑하고 이웃들과 살아가야 할지를 알려주신 영원한 규례입니다.

성품은 복음을 담는
그릇입니다

제 1 계명

하나님만 섬기라!

십계명에서 제1계명은 하나님의 백성들이 지켜야 할 계명 중에서 제일 중요한 계명으로써, 창조주 여호와 하나님을 믿는 신앙 외에 '다른 신들을 인정하거나 경배하는 행위를 해서는 안 된다'라는 가장 근본적이고도 기본적인 원칙을 따라 살도록 주신 계명입니다.

왜 "나 외에는 다른 신들을 네게 두지 말라"는 계명을 가장 먼저 주셨을까요? 그것은 기근을 피해 이방 땅 애굽으로 내려가 살다가 애굽의 만연한 신들에 오염된 아브라함의 자손들을 아셨기 때문입니다. 애굽에서 열 가지 재앙을 통하여 애굽의 신들을 물리치고 이스라엘 백성을 구원하신 하나님을 기억하며 그분만을 섬기도록 첫 계명으로 주신 것입니다(출 19:3-5).

제1계명이 중요한 것은 나그네와 같이 세상을 살아가면서 여러 가지 고난

소그룹 인도

사도신경 : 다 같이 | 찬송 : 292장(통 415) | 기도 : 회원 중 | 본문말씀 : 출 20:1-3
새길말씀 : 출 20:3 | 헌금 찬송 : 38장 | 헌금 기도 : 회원 중 | 주기도문 : 다 같이

으로 말미암아 하나님 대신 물질이나 명예, 권력 등의 우상을 섬기는 현대인과 그리스도인들에게도 참된 삶의 근본과 우선순위를 제시하기 때문입니다. 생명의 근본을 잊지 않고 하나님만을 섬기는 삶을 살 때, 진실로 행복한 삶을 영위할 수 있습니다. 하나님께서 그의 백성들에게 주신 제1계명대로 살아가기 위해 해야 할 일이 무엇인지 살펴보겠습니다.

창조주 하나님의 통치권을 인정하며 살아야 합니다

"너는 나 외에는 다른 신들을 네게 두지 말라"(3절)는 말씀은 하나님의 통치권에 대한 인정을 의미합니다. 하나님께서 십계명을 주시기 전에 말씀하시기를 "세계가 다 내게 속하였나니 너희가 내 말을 잘 듣고 내 언약을 지키면 너희는 모든 민족 중에서 내 소유가 되겠고 너희가 내게 대하여 제사장 나라가 되며 거룩한 백성이 되리라 너는 이 말을 이스라엘 자손에게 전할지니라"고 하셨습니다(출 19:5-6). 이 말씀은 '태초부터 천지 만물을 지으신 분은 하나님이심과(창 1:1) 모든 것은 창조주 하나님의 소유이므로 우상을 신으로 섬기던 자리에서 돌이켜 본래의 자리로 돌아오라'는 초청의 말씀입니다. 동시에 '창조주를 인정하고 당신의 통치를 받는 자들을 회복시켜서 당신의 소유, 거룩한 백성으로 삼겠다'라는 약속의 말씀이기도 합니다.

기근을 해결하기 위해 애굽으로 내려갔다가, 하나님의 백성이라는 정체성을 잊고 애굽의 노예가 되어 바로의 통치를 받았던 사람들, 그러나 이제는 하나님의 거룩한 백성으로 회복되기를 원하시는 하나님의 사랑이 제1계명 속에 고스란히 들어 있습니다.

현대인들도 살아가면서 자신이 어디로부터 보냄을 받았는지, 그리고 얼마나 소중한 존재로 태어났는지를 잊은 채 욕망의 노예가 되어 맘몬과 우상을 섬기며 살아갑니다. 그러나 우리를 지으신 하나님께서는 당신에게로 돌아오기를 원하십니다. 그리고 여전히 '나 외에는 다른 신들을 네게 두지 말라'는 제1계명을 지키라고 말씀하십니다. 창조주를 기억하고 하나님의 통치권을 인정하며 살 때, 삶의 참된 의미와 근원적인 행복을 얻게 됩니다.

"여호와여 위대하심과 권능과 영광과 승리와 위엄이 다 주께 속하였사오니 천지에 있는 것이 다 주의 것이로소이다 여호와여 주권도 주께 속하였사오니 주는 높으사 만물의 머리이심이니이다 부와 귀가 주께로 말미암고 또 주는 만물의 주재가 되사 손에 권세와 능력이 있사오니 모든 사람을 크게 하심과 강하게 하심이 주의 손에 있나이다"(대상 29:11-12)

하나님만이 참 신이시니 하나님과 우리 사이에 다른 신을 두지 말아야 합니다

'나 외에' 라는 말은 '나 밖에는' 즉, '나 말고는' 이라는 뜻으로 하나님 외에 다른 무엇을 하나님과 대등하게 생각하거나 그 자리에 올려놓지도 말라는 말씀입니다.

애굽 사람들은 수많은 신을 섬겼습니다. 이스라엘 사람들도 애굽에서 노예로 생활하면서 애굽의 우상들을 신으로 섬겼을 것입니다. 그런 그들에게 하나님은 이미 열 가지 재앙을 통하여 애굽의 신은 신이 아니라 허상에 불과하다는 것을 깨닫게 하셨습니다. 그리고 그들을 애굽에서 구원하셔서 약속의 땅 가나안으로 이끄셨습니다. 그 크신 창조주 하나님을 경험하고 약속의 땅인 가나안을 향해 가는 과정임에도 불구하고 작은 어려움이 닥쳐올 때면, 이스라엘은 노예 시절 우상들을 섬기던 습성을 버리지 못했습니다. 하나님께서는 이러한 이스라엘 백성들의 어리석음을 아시고도 끝까지 사랑하셔서 "나 외에는" 이 말씀을 첫 번째 계명에 기록하여 참된 구세주이신 하나님을 기억하도록 하셨습니다.

'다른 신' 은 하나님과 같은 또 다른 신이 존재한다는 말씀이 아닙니다. '다른 신' 은 사람들이 만든 것으로 허상에 불과합니다. 바울은 "우리가 우상은 세상에 아무것도 아니며 또한 하나님은 한 분밖에 없는 줄 아노라"(고전 8:4)고 말씀합니다. 그러므로 인간이 만든 허상이나 세상의 헛된 우상에게 속아 하나님 자리에 우상을 두거나 대신하지 말아야 합니다.

"나는 여호와라 나 외에 다른 이가 없나니 나 밖에 신이 없느니라…"(사 45:5)

하나님의 말씀을 잘 듣고 나아가 그를 경외하는 지혜로운 사람이 되어야 합니다

제1계명에 내포하고 있는 그리스도인의 의무는 여호와 하나님만이 유일하고 참되신 신이심을 인정하는 일입니다. 그렇다면 그리스도인은 어떻게 참되신 하나님을 인정하며 살아갈 수 있을까요? 먼저 하나님의 말씀을 듣는 일이 우선되어야 합니다. 하나님은 우리에게 말씀하시기를 원하시며, 우리가 하나님의 음성을 듣기를 원하십니다. 하나님의 말씀을 잘 들을 수 있다는 것은 살아계신 하나님을 인격적인 분으로 믿고 우리와 함께하심을 인정하는 것입니다. 그러므로 우리는 우리에게 말씀하시는 하나님의 말씀을 들어야 합니다.

또한 하나님의 말씀을 마음에 새겨야 합니다. 솔로몬은 아들에게 "이것을 네 손가락에 매며 네 마음 판에 새기라"(잠 7:3)고 교훈하였습니다. '마음에 새긴다' 라는 것은 하나님의 말씀을 생각하고 가슴 깊이 느끼는 것입니다. 하나님의 말씀을 마음에 새긴 사람에게 주시는 지혜는 "여호와를 경외하는 것"(잠 9:10)입니다. 잠언 2장 6절에는 "대저 여호와는 지혜를 주시며 지식과 명철을 그 입에서 내심이여"라고 하셨습니다. 그래서 여호와를 경외하는 사람에게 있어서의 지식은 여호와를 경외함으로부터 시작합니다.

이처럼 제1계명은 내 삶에 하나님을 유일하신 참 하나님으로 인정하며 살라는 명령입니다. 그러므로 그리스도인은 참되신 하나님의 말씀을 경청하고 나아가, 그를 경외하는 지혜로운 하나님의 백성으로 살아가야 합니다.

"여호와를 경외하는 것이 지식의 근본이거늘 미련한 자는 지혜와 훈계를 멸시하느니라"(잠 1:7)

하나님께서는 우리의 마음 중심에 하나님이 있기를 원하십니다.

하나님과의 관계 회복을 위한 경청

| **경청**은 우리가 집중해야 할 사람이나 과제에 대해 '듣는 마음'을 보여줍니다. |

하나님은 이스라엘 백성에게 찾아오셔서 '너희는 내 것이다, 너희를 제사장 나라가 되게 하겠다, 너희는 거룩한 백성이 될 것이다' 라는 세 가지를 약속하셨습니다. 그리고 그들이 어떻게 하나님의 말씀을 지켜야 하는지를 말씀하고 계십니다. 이스라엘 백성들에게 허락한 말씀을 요약하면 십계명입니다. 하나님은 이스라엘 백성에게 반드시 이 계명을 지킬 것을 명령하셨고, 그것을 잘 지켜 행하면 형통의 복을 주신다고 약속하셨습니다. 하지만 계명을 지키지 못하고 하나님과의 관계가 깨지면 형통의 복을 누리지 못하게 됩니다. 하나님과의 관계가 깨어지는 이유는 하나님의 말씀을 바르게 경청하지 못했기 때문입니다.

소그룹 인도

사도신경 : 다 같이 | 찬송 : 200장(통 235) | 기도 : 회원 중 | 본문말씀 : 신 6:4-9
새길말씀 : 신 6:4 | 헌금 찬송 : 199장(통 234) | 헌금 기도 : 회원 중 | 주기도문 : 다 같이

십계명 가운데 첫 번째 "너는 나 외에는 다른 신들을 네게 두지 말라"는 계명은 하나님과 깨어진 사랑의 관계 회복을 위해 주신 하나님의 약속입니다. 이 약속이 성취되기 위해서는 하나님의 말씀을 경청하는 자세가 우선되어야 합니다. 그리고 하나님과의 사랑의 관계 회복을 이루어 날마다 주님과 동행하는 기쁨을 누려야 합니다.

경청은 하나님께 집중하며 그의 말씀을 듣습니다

경청(敬聽)이란 '상대방의 말과 감정에 모든 주의를 집중하여 그 사람의 가치를 보여주는 것'을 말합니다. 그리스도인은 마음과 뜻과 힘을 다해 하나님의 말씀을 경청하여 하나님이 얼마나 소중한 분인지를 인정하는 삶을 살아야 합니다. 모세는 가나안 정복의 큰일을 여호수아에게 맡기면서 백성들에게 마지막 당부와 함께 하나님의 말씀을 잘 듣고 지켜야 한다고 명령했습니다. 그것은 "쉐마 이스라엘~", 곧 '이스라엘아, 하나님의 말씀을 경청하라'는 뜻입니다. 모세는 지난날들을 돌아보며 이스라엘 백성들이 복 받고 살아가는 가장 중요한 비결은 '경청' 곧 하나님의 말씀을 듣는 데 있다는 것을 깨달았습니다. 그래서 모세는 "들으라!"고 경청을 명령했습니다. 하나님의 말씀을 바르게 경청하는 것은 성도들의 의무이자 도리이기에, 말씀을 온몸과 마음으로 듣고 하나님을 오직 유일하신 하나님으로 받아들여야 합니다. 그리고 자자손손 하나님의 말씀을 경청하도록 가르쳐서 아브라함의 가정처럼 하나님의 복을 계승해야 합니다.

"내 아들아 내 말을 지키며 내 명령을 네게 간직하라 내 명령을 지켜서 살며 내 법을 네 눈동자처럼 지키라"(잠 7:1-2)

하나님의 말씀을 듣는 사람은 순종합니다

"이스라엘아 들으라 우리 하나님 여호와는 오직 유일한 여호와이시니"(4절)의 말씀은 '내가 유일한 하나님인 것을 내가 증거한다'라는 여호와 하나님의 자기 선언입니다. 이 선언은 여호와만 유일하신 하나님이심을 드러내시며, 세상의 모든 신은 거짓임을 말씀하신 것입니다. 하나님의 백성들은 하나님의 말씀에 대한 경청과 순종의 생활을 해야 합니다. 하나님은 이스라엘 백성 앞에 순종과 불순종에 따라 축복과 저주, 생명과 사망을 두셨고 그 선택의 결과는 이스라엘 백성들의 책임이라고 하셨습니다. 하나님께서 이스라엘 백성에게 먼저 '들으라'고 말씀하신 이유는, 하나님의 말씀을 먼저 듣는 것부터 해야 순종할 수 있기 때문입니다. 참된 순종은 하나님의 말씀이나 음성을 듣고, 믿으며 실천하는 것입니다.

"세계가 다 내게 속하였나니 너희가 내 말을 잘 듣고 내 언약을 지키면 너희는 모든 민족 중에서 내 소유가 되겠고 너희가 내게 대하여 제사장 나라가 되며 거룩한 백성이 되리라"(출 19:5-6)

하나님을 향한 사랑의 마음이 식지 않도록 깨어 있어야 합니다

그리스도인이 하나님의 말씀을 올바르게 경청하려면 항상 자신의 믿음을 살펴 하나님을 향한 사랑의 마음이 식지 않도록 깨어 있어야 합니다. 하나님의 자리는 항상 첫 번째이며, 모든 것을 다하여 하나님을 사랑할 때 그분의 말씀을 잘 경청하게 됩니다. 인생의 길에는 여러 갈래의 길이 있는 것 같지만 두 갈래 길밖에 없습니다. '불신자가 되어 죽은 자로 사느냐, 믿음의 사람이 되어 산 자로 사느냐' 입니다. 그리스도인에게 있어서 하나님을 사랑하는 것보다 더 중요한 것이 없기에 마음과 목숨과 뜻을 다하여 하나님을 사랑하는 것입니다. 하나님을 사랑하게 되면 하나님 외에 다른 신을 섬기거나 사랑할 수가 없습니다. 모세는 하나님의 말씀을 마음에 새기면서 경청하라고 명령했습니다(6절). 그리스도인이 하나님의 말씀을 마음에 새기며 듣기 위해서는 소나 양이 그 먹은 음식을 되새김질하듯, 우리도 들은 말씀을 마음에 담아 되새김질해야 합니다. 마음으로 듣는 사람은 말씀을 소홀히 여기거나 쉽게 잊지 않습니다. 생명의 말씀을 가슴으로 듣기 위해서는 언제나 하나님만을 뜨겁게 사랑하며 그의 말씀을 사모해야 합니다.

"네 마음을 다하고 목숨을 다하고 뜻을 다하여 주 너의 하나님을 사랑하라 하셨으니 이것이 크고 첫째 되는 계명이요"(마 22:37-38)

온 마음으로 하나님의 말씀을 경청할 때 하나님의 뜻을 알 수 있고, 말씀에 순종할 수 있습니다.

경청이 주는 유익

| **경청**은 우리가 집중해야 할 사람이나 과제에 대해 '듣는 마음'을 보여줍니다. |

사무엘은 그의 어머니 한나의 서원 기도를 통하여 태어났습니다. 사무엘은 젖 뗄 때부터 엘리 제사장에게 맡겨졌고 성전에서 나실인으로 자랐습니다. 성전의 모든 잔심부름을 도맡아 하면서 어릴 때부터 오직 하나님만 경배하는 삶을 체득합니다. 하나님만을 섬겼던 사무엘에게 어느 날 하나님께서 찾아오셔서 말씀하셨습니다. 그리고 하나님의 말씀을 잘 경청한 어린 사무엘은 엘리 제사장의 집안에 대한 심판을 알게 되고 그 심판의 내용을 엘리 제사장에게 전하여 줍니다. 사무엘처럼 오직 하나님만을 사랑하고 경외하며 그 말씀을 경청하고 살아갈 때 우리도 하나님의 거룩한 형상을 닮아갈 수 있고 하나님의 영광을 드러내는 삶을 살 수 있습니다. 사무엘의 경

소그룹 인도

사도신경 : 다 같이 | 찬송 : 202장(통 241) | 기도 : 회원 중 | 본문말씀 : 삼상 3:1-21
새길말씀 : 렘 7:23 | 헌금 찬송 : 204장(통 379) | 헌금 기도 : 회원 중 | 주기도문 : 다 같이

청하는 모습을 통하여 경청이 주는 유익을 살펴보겠습니다.

바른 경청은 영적 성숙을 이루어 내 삶을 거룩하고 아름답게 변화시킵니다

조신영 작가의 '경청'이란 책에 보면 '들을 청'의 한자 부수로 경청에 대해 재미있게 설명하는 부분이 나옵니다. 한자 들을 청(聽)은 '귀 이(耳), 임금 왕(王), 열 십(十), 눈 목(目), 한 일(一), 마음 심(心)'으로 구성되어 있습니다. 귀 이(耳)와 임금 왕(王)은 '왕 같은 큰 귀로 집중해서 들어야 한다'는 것이고, 열 십(十)과 눈 목(目)은 '열 개의 눈을 가진 사람처럼 상대방을 보라'는 것이며, 한 일(一)과 마음 심(心)은 그렇게 하면 '상대방과 마음이 하나 되어 그의 생각과 마음까지 읽게 된다'는 것입니다. 임금님처럼 큰 귀가 되어 열 개의 눈으로 쳐다보며 상대방의 마음까지 읽는 것, 이것이 바로 경청(敬聽)입니다. 하나님의 말씀은 살아 있고 힘이 있어서 사람 속을 꿰뚫어 혼과 영을 갈라내고 관절과 골수를 갈라놓기까지 하며, 마음에 품은 생각과 의도를 밝힐 수 있습니다. 그러나 그 말씀을 경청하지 않으면 나에게 아무런 영향력을 주지 못합니다. 하나님의 말씀을 경청할 때 비로소 그 말씀이 내 생각과 하나님의 뜻을 분별하는 능력의 말씀이 됩니다.

귀를 크게 열고 열 개의 눈을 가진 사람처럼 설교자를 쳐다보며 하나님의 말씀을 들을 때, 그 말씀은 나의 모든 죄와 허물을 드러나게 합니다. 믿음은 그리스도의 말씀을 경외하는 마음으로 집중해서 들을 때 생겨납니다. 그리고 그 성장한 믿음을 통해 삶이 변화되고 고민과 문제들이 해결됩니다. 간혹 하나님의 말씀을 들을 때 스마트폰에 쏟는 관심과 집중보다도 못하는 모습을 보게 됩니다. 하나님의 말씀을 어릴 때부터 경청했던 사무엘은 훗날 이스라엘의 영적 지도자(제사장, 선지자, 사사)가 되어 이스라엘 백성을 지도하고 나라를 지킨 위대한 선지자가 되어 하나님의 영광을 드러냈습니다. 바른 경청의 자세는 영적 성숙을 이루어 내 삶을 거룩하고 아름답게 변화시킵니다.

"하나님의 말씀은 살아있고 활력이 있어 좌우에 날선 어떤 검보다도 예리하여 혼과 영과 및 관절과 골수를 찔러 쪼개기까지 하며 또 마음의 생각과 뜻을 판단하나니"(히 4:12)

생명을 보존 받습니다

엘리는 하나님의 말씀을 전하고 가르치는 제사장임에도 불구하고 정작 자기 자녀들에게는 하나님의 말씀을 제대로 가르치지 않았습니다. 그들이 하나님과 사람 앞에서 불량하며 하나님을 경외치 않고 하나님 보시기에 악을 행하게 한 것은 전적으로 아버지의 책임입니다. 결국 하나님이 사무엘에게 말씀하신 예언에 따라 엘리 제사장의 두 아들은 블레셋과의 전쟁에서 비참하게 죽었으며 그들의 죽음을 들은 엘리 제사장 역시 부끄러운 죽음을 맞이했습니다. 이 모든 결과는 하나님의 말씀을 바르게 경청하지 않았기 때문에 일어난 사건입니다.

이와 같이 하나님의 말씀을 제대로 경청하지 않으면 하나님과의 관계가 단절되고 하나님의 말씀을 경청하면 생명을 보존하는 것입니다. 나 외에 다른 신을 섬기지 말라는 계명처럼 하나님보다 더 사랑하는 것이 우상숭배이며, 우상숭배는 죽음을 자처하게 됩니다. 그러므로 하나님의 음성 경청에 최우선을 두어야 합니다.

"너희 하나님 여호와께서 너희에게 명령하신 모든 도를 행하라 그리하면 너희가 살 것이오 복이 너희에게 있을 것이며 너희가 차지한 땅에서 너희의 날이 길리라"(신 5:33)

경청은 하나님의 뜻과 계획하심을 알게 합니다

사무엘은 어릴 때부터 하나님의 말씀을 잘 경청하여, 제단에 하나님의 대변자인 엘리 제사장이 있음에도 불구하고 어린 사무엘은 하나님의 계시의 말씀을 받게 됩니다. 이와 같이 경청은 하나님의 뜻과 계획하심을 알게 합니다. 현시대는 말을 잘하는 사람보다 잘 들어 주는 사람이 사랑받는 시대라고 합니다. 말을 잘하면 우리가 늘 사용하는 언어로 인생을 밝고 행복하게 만들 수 있습니다. 그러나 참으로 말을 잘하는 길은 경청하는 데 있습니다. 그러므로 사람의 말을 경청하기 위해서는 먼저 하나님의 말씀을 경청하는 훈련을 해야 합니다. 하나님의 음성에 귀 기울일 때 우리의 영과 육이 살 수 있습니다. 하나님은 항상 우리와 대화하시기를 원하십니다. 그러므로 하나님의 세미한 음성을 경청해야 합니다. 하나님의 말씀을 잘 경청하면 하나님은 크고 비밀한 것을 우리에게 말씀해 주십니다. 하나님의 뜻을 분별하여 순종하며, 영적으로 성숙한 모습이, 참된 지혜의 말씀을 경청하는 그리스도인의 삶입니다.

"네 귀를 지혜에 기울이며 네 마음을 명철에 두며"(잠 2:2)

하나님의 말씀을 경청한다는 것은 그 말씀에 순종하는 것입니다.
그리하면 하나님의 인도하심을 받아 영적인 성숙을 이루어 하나님의 일꾼으로
주어진 사명을 충실히 감당할 수 있습니다.

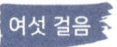

하나님을 경외하는 지혜

| **지혜**는 삶의 모든 경험 속에서 하나님의 손길을 봅니다. |

하 나님은 솔로몬의 꿈속에 찾아오셔서 원하는 것을 구하라고 말씀하셨습니다. 이때 솔로몬은 지혜를 구했고 하나님은 지혜를 구한 솔로몬을 크게 기뻐하시며 지혜뿐만 아니라 부귀와 영광도 누리게 하셨습니다. 기도 응답을 받은 솔로몬은 세상의 그 어떤 사람보다도 지혜롭고 총명한 왕이 되어 이스라엘을 잘 다스렸고, 그로 인해 이스라엘은 강성한 나라가 되었습니다. 지혜로운 사람은 솔로몬과 같이 하나님을 가까이하는 자입니다. 성경에도 여호와를 경외하는 것이 지혜의 근본이라고 했습니다. 십계명 가운데 첫 번째 "너는 나 외에는 다른 신들을 네게 두지 말라"는 계명은 하나님과 우리의 깨어진 사랑의 관계를 회복하기 위해 주신 약속입니다. 이 약속이

소그룹 인도

사도신경 : 다 같이 | 찬송 : 459장(통 514) | 기도 : 회원 중 | 본문말씀 : 왕상 3:3-15
새길말씀 : 왕상 3:11 | 헌금 찬송 : 455장(통 507) | 헌금 기도 : 회원 중 | 주기도문 : 다 같이

성취되기 위해서는 내 마음의 소리보다 하나님의 뜻을 경청하는 자세가 우선되어야 합니다. 참된 지혜를 얻는 길은 하나님을 사랑하는 것입니다.

하나님의 말씀으로만 영향을 받습니다

지혜의 히브리 어원은 '호크마'로써, 관찰, 경험, 사고 등의 산물을 말하며 그 의미는 '남보다 근면하고, 언제나 정직하며, 몸과 마음의 순결을 지키는 것 같은 생활 방식'을 말합니다. 곧 '지혜'(知慧)란 일상적인 결정적 사항에 있어서 진리를 실제적으로 적용하는 것을 의미합니다. 솔로몬이 다윗의 뒤를 이어 어린 나이에 왕이 되어 기브온 산당에 가서 일천 번 제 제사를 드렸을 때 하나님께서 꿈에 솔로몬에게 나타나셔서 '내가 네게 무엇을 줄꼬 너는 구하라'(5절)고 하십니다. 이때 솔로몬은 백성을 잘 다스릴 수 있도록 듣는 마음을 달라고 구했습니다. 듣는 마음이란 잘 이해한다는 뜻입니다. 많은 백성이 사건의 문제를 가지고 와서 호소할 때 옳고 그름을 판단하기 전에 듣는 마음이 우선입니다. 억울한 것, 누명 쓴 것을 이해하려는 맘이 듣는 마음입니다. 듣는 마음은 지혜와 쌍둥이입니다. 듣는 마음이 없다면 지혜도 없고 지혜가 없다면 듣는 마음도 없습니다. 그래서 하나님은 듣는 마음을 구한 솔로몬을 향해 '지혜를 구하였다'(11절)라고 말씀하셨습니다.

하나님의 말씀이 사람에게 주시는 첫 번째 지혜는 '여호와를 경외하는 것'입니다. 하나님을 경외하는 지혜를 갖게 되면 스스로 자신을 지혜롭게 여기지 않게 되며, 악인들의 꾀를 따르지 않게 됩니다. 그리고 삶의 모든 경험속에서 하나님의 말씀으로만 영향을 받아 살게 됩니다. 그리스도인들의 지혜와 능력이 약화 되는 것은 하나님의 말씀보다는 미디어와 세속적인 말들을 마음을 두기 때문입니다.

"하나님의 어리석음이 사람보다 지혜롭고 하나님의 약하심이 사람보다 강

하니라"(고전 1:25)

진리를 분별하며 삶의 문제를 해결합니다

지혜는 진리를 분별하는 능력입니다. 지식은 학문을 통해서 습득하지만, 지혜는 하늘로부터 내려옵니다. 솔로몬은 아버지 다윗을 통해 선민 이스라엘을 통치하는데 지혜가 얼마나 중요한가를 알았기에 이스라엘의 왕이 되자마자 가장 먼저 하나님 앞에 나아가 지혜를 구하였습니다. 삶의 우선순위를 결정할 때 하나님의 말씀을 가까이하면 진리를 분별하는 지혜가 생기고, 어떤 문제든지 쉽게 해결할 수 있는 능력이 생기게 됩니다.

열왕기상 3장 16-28절 말씀에 보면, 서로 자신의 아이라고 주장하는 두 여인이 솔로몬 왕을 찾아와 진짜 아기엄마를 찾아달라고 재판을 청구했습니다. 두 여인의 말만으로는 쉽게 판결을 내릴 수가 없었습니다. 그러나 하나님께 지혜를 얻은 솔로몬은 해결책을 알고 있었습니다. 솔로몬은 병사를 불러 서로의 아기라고 주장하는 그 아기를 반으로 잘라 두 여인에게 똑같이 나누어주라고 명령했습니다. 이에 한 여인은 "내 자식이 못 될 바에야 차라리 그렇게 해주세요"라고 말했고, 한 여인은 "차라리 이 아이를 저 여인에게 주더라도 아이를 죽이지는 말라"며 흐느껴 울었습니다. 솔로몬 왕은 아기를 죽이지 말라고 울면서 애원하는 여인을 가리켜 "바로 이 여인이 진짜 아이의 어머니라"고 명판결을 내렸습니다. 지혜로운 왕 솔로몬은 '어머니는 아이를 사랑하는 남다른 모정(母情)이 있음'을 알고 있었기에 아기의 진짜 어머니를 가릴 수 있었습니다. 솔로몬 왕이 하나님의 지혜로 문제를 해결하자 사람들은 솔로몬 왕을 두려워하며 지혜주신 하나님께 영광 돌렸습니다(왕상 3:28). 이와 같이 하나님께 지혜를 얻은 자는 어떤 문제든지 쉽게 해결할 수 있습니다.

"지혜로운 여인은 자기 집을 세우되 미련한 여인은 자기 손으로 그것을 허느니라"(잠 14:1)

믿고 기도하는 자에게 지혜를 주십니다

하나님은 솔로몬에게만 지혜를 주시는 분이 아니라 약속의 말씀을 붙잡고 믿고 기도하는 모든 자에게 지혜를 주시는 분입니다. 다니엘도 하나님께 지혜를 구하여 느브갓네살 왕의 꿈을 해몽하여 하나님의 영광을 드러냈고 훗날 바벨론의 총리대신이 되는 영광까지 누렸습니다(단 2:47-48). 야고보서 1장 5절 말씀에는 "너희 중에 누구든지 지혜가 부족하거든 모든 사람에게 후히 주시고 꾸짖지 아니하시는 하나님께 구하라 그리하면 주시리라"고 합니다. 하나님께 속한 지혜는 말씀을 읽고 말씀대로 살 때 받을 수 있기에, 하나님의 말씀을 굳게 믿고 지혜를 구해야 합니다.

미국, 워싱턴 D.C에는 아브라함 링컨이 다녔던 교회가 있는데, 그곳에는 링컨 대통령이 평소에 가지고 다니던 성경책이 그대로 보관되어 있다고 합니다. 어릴 때 링컨이 밖에 나가려고 하면 그의 어머니는 성경을 꼭 챙겨 주었습니다. "너는 꼭 이것을 가지고 다니면서 읽어라!" 그래서 링컨은 어머니가 주신 성경을 항상 주머니에 넣고 다녔습니다. 대통령의 자리에 오를 때까지 그에게는 많은 시련이 있었지만, 그때마다 좌절하지 않고 다시 일어설 수 있게 한 힘이 바로 성경이었습니다. 링컨은 말씀을 통해 많은 시련을 이겨나갈 수 있는 하늘의 지혜를 배웠습니다. 하나님은 오늘도 성경을 통해 지혜의 말씀을 주시고 계십니다. 성경에는 지혜와 권능이 하나님께 있고 계략과 명철도 그에게 속하였다고 하였습니다(욥 12:13). 지혜를 얻으려면 하나님의 말씀을 늘 곁에 두고 읽고, 묵상해야 합니다.

"또 어려서부터 성경을 알았나니 성경은 능히 너로 하여금 그리스도 예수 안에 있는 믿음으로 말미암아 구원에 이르는 지혜가 있게 하느니라"(딤후 3:15)

모든 지혜는 여호와를 경외하는 데서 시작됩니다.

다니엘과 세 친구의 지혜로운 삶이 주는 교훈

| **지혜**는 삶의 모든 경험 속에서 하나님의 손길을 봅니다. |

유대인들은 신명기 6장 4절-9절 말씀의 히브리어 첫 단어 '너희는 들으라' 를 따서 '쉐마' 라고 부릅니다. 그리고 쉐마의 말씀을 아침, 저녁으로 식사를 하기 전에 가족들이 모인 자리에서 아버지가 외웁니다. 다니엘은 어릴 때부터 쉐마교육을 받았습니다. B.C.605년 바벨론이 예루살렘을 침공했을 때에 그는 세 친구와 함께 바벨론으로 포로로 끌려가서 3년 동안 바벨론식 교육을 받았습니다. 교육을 받을 때 유대식 쉐마교육의 전통을 지키기 위해서 바벨론 왕이 내린 음식을 거부하였습니다(8절). 하나님은 하나님을 사랑하고 그 계명을 지키기 위하여 위험을 무릅쓴 다니엘과 세 친구에게 학문을 깨닫게 하시고, 지혜를 주셨습니다(17절). 그리고 그 결과 다니엘

소그룹 인도

사도신경 : 다 같이 | 찬송 : 449장(통 377) | 기도 : 회원 중 | 본문말씀 : 단 1:1-20
새길말씀 : 단 1:17 | 헌금 찬송 : 445장(통 502) | 헌금 기도 : 회원 중 | 주기도문 : 다 같이

은 바벨론의 총리로서 명성을 떨치며 하나님의 영광을 위해 일하는 하나님의 사람이 되었습니다. 우리의 삶에서 신앙과 대조되는 문제가 생겼을 때 종종 이성으로 타협하며 나아갑니다. 그러나 그것은 지혜로운 방법이 아닙니다. 죽음을 무릅쓰고 다른 신을 섬기지 않았던 다니엘과 세 친구의 지혜로운 삶을 통해 지혜가 주는 교훈을 살펴보겠습니다.

지혜와 분별력의 원천은 하나님의 말씀대로 사는 삶입니다

지혜를 배우려면 다니엘서를 읽어보라는 말이 있습니다. 세상의 지혜와 다니엘의 지혜의 차이는 무엇일까요? 하나님을 향한 신앙적 순결을 지키려는 다니엘을 세상적으로 본다면 다니엘은 어리석은 사람입니다. 왜냐하면 왕궁에 거하면서 바벨론의 엘리트 교육을 잘 받아 왕의 관리로 등용되면 세상의 명예를 얻고 출세의 길이 열리게 됩니다. 그 후에 다시 기도하면 될 일이었습니다. 세상의 지혜라면 이 경우 당연히 타협하고 넘어갔을 것입니다. 그러나 다니엘은 그렇게 하지 않았고, 화를 자초하는 결정을 했습니다. 그렇지만 결과적으로 보면 다니엘의 행동이 더 좋은 결과를 만들어 냈습니다. 그들이 교육을 받은 후 왕 앞에 갔을 때 그 지혜와 총명의 탁월함이 온 나라 박수와 술객보다 십 배나 나았다고 기록하고 있습니다(20절). 결국 다니엘의 지혜와 분별력의 원천은 하나님의 말씀과 뜻대로 사는 삶이었습니다. 지혜로운 사람은 무슨 일을 만나도 자신을 포기하거나 하나님을 버리지 않고, 오히려 문제를 두려워하지 않고 나아갑니다. 하나님이 함께하시면 두렵지 않습니다. 하나님의 말씀과 뜻대로 살면, 세상을 이길 수 있는 힘을 주실 뿐만 아니라 말씀을 믿고 순종하기에 어떠한 결과도 감사로 받을 준비가 되어있습니다. 이렇게 환경을 뛰어넘는 그리스도인들의 담대한 결단력을 통하여 하나님은 역사하시고 영광 받으십니다.

"여호와의 율법은 완전하여 영혼을 소성시키며 여호와의 증거는 확실하여 우둔한 자를 지혜롭게 하며"(시 19:7)

하나님의 지혜는 문제 해결의 열쇠입니다

어느 날 느브갓네살 왕은 이상한 꿈을 꾸었습니다. 그 꿈으로 인해 마음이 번민하여 잠을 이루지 못하였습니다. 무슨 꿈인지 도무지 알 수 없어 박수와 술객과 점쟁이와 술사들을 불러 꿈을 해몽하라고 명령하면서 만일에 꿈을 해몽하지 못할 경우, 죽음을 면할 수 없다고 하였습니다. 그러나 그들은 한결같이 이 꿈을 해몽하는 것은 신들 외에는 해석할 수 없다고 말하였습니다. 느브갓네살 왕은 진노하여 바벨론에서 지혜가 있다고 하는 술사와 박사들을 다 죽이라고 명령했습니다(단 2:1-12). 이때 하나님 중심의 삶을 살았던 다니엘이 이 소식을 듣고 그 꿈을 해석 할 수 있다고 왕에게 전했습니다. 그리고 그의 세 친구와 더불어 느브갓네살 왕의 꿈을 해석할 수 있는 지혜를 달라고 하나님께 기도했습니다(단 2:17-18). 하나님은 다니엘에게 느브갓네살 왕이 꾼 꿈을 알려 주셨고, 다니엘은 느브갓네살 왕의 꿈을 해몽해주었습니다(단 2:31-45). 이로 인해 다니엘은 바벨론 왕국의 총리가 되어 하나님의 영광을 드러냈습니다(단 2:48-49). 이와 같이 하나님의 지혜는 문제 해결의 열쇠입니다. 그리스도인에게도 이런 하나님의 지혜가 필요합니다.

"지혜는 그 얻은 자에게 생명 나무라 지혜를 가진 자는 복되도다"(잠 3:18)

하나님의 지혜는 위로부터 난 지혜로 우리를 성결하게 합니다

그 당시 이방 신을 섬기는 바벨론 왕국에서는 그들의 습관을 따라서 피를 흘리면서 피채 먹는 음식이나 우상의 제단에서 제사를 지낸 음식물들을 먹고 있었습니다. 그러므로 다니엘과 세 친구는 하나님 앞에서 신앙적 순결을 위해 우상을 섬기는 일과 구약의 율법이 금하는 피채 먹은 음식을 거절할 수밖에 없었습니다. 그들은 그 음식이 자신의 신앙적 삶을 더럽힌다고 생각하였기 때문에 거절하였던 것입니다. 하나님을 경외하는 다니엘과 세 친구는 그들이 이방의 학문의 지혜와 지식을 갖추었음에도 불구하고, 이방의 학문과 함께 유입되기 쉬운 각종 불경건한 요소들, 즉 우상숭배와 마술, 술객들의 가증한 행위에 전혀 물들지 않았습니다. 그 결과 수천 년 동안의 경험을 가진 바벨론의 각종 학문, 예언을 해석하는 능력과 해몽을 훨씬 능가하는 초월적인 능력을 하나님으로부터 부여받게 되었습니다.

지혜에는 세상 지혜와 하나님의 지혜가 있습니다. 세상 지혜는 많을수록 사람을 번뇌하게 하고(전 1:18), 자만하여 죄의 유혹에 빠지게 하므로(사 47:10), 결국은 하나님의 말씀을 버리고 하나님을 떠나게 합니다(렘 8:9; 겔 28:17). 그러나 하나님의 지혜는 위로부터 난 지혜로, 먼저 우리를 성결하게 합니다. 하나님께 지혜를 받는 사람이 복된 사람입니다. 하나님은 지혜를 구하는 자의 기도에 응답해 주셨습니다(약 1:5). 그러므로 그리스도인들도 자신에게, 자녀들에게 하나님의 지혜가 충만하도록 간구하는 삶을 살아야 합니다.

"오직 위로부터 난 지혜는 첫째 성결하고 다음에 화평하고 관용하고 양순하며 긍휼과 선한 열매가 가득하고 편견과 거짓이 없나니"(약 3:17)

믿음을 지켜야 하는 상황에 직면할 때가 있습니다. 그럴 때 다니엘과 같은 믿음의 용기를 가지고 나아가면, 문제를 해결할 수 있는 하나님의 지혜를 얻을 수 있습니다.

제 2계명

우상을 만들지 말라!

하 나님께서는 이스라엘 백성들이 지켜야 할 열 가지 계명을 지도자 모세를 통하여 이스라엘 백성들에게 주셨습니다. 그리고 첫 계명으로 "너는 나 외에는 다른 신들을 네게 두지 말라"(3절)고 명령하셨습니다. 언약 백성인 이스라엘에게 하나님 외에 다른 신을 섬기는 우상숭배를 철저히 금하시는 법을 세웠습니다. 그리고 두 번째 계명을 통하여 실제적으로 어떤 것이 우상을 숭배하는 행위이며, 또한 우상숭배를 하면 하나님께서 얼마나 큰 진노와 심판을 하시는지, 그리고 하나님만을 진실하게 섬기며 사랑하는 자들에게 내리시는 복이 무엇인지 말씀하셨습니다. 하나님께서 단호하게 금하신 우상숭배의 죄에 대해 살펴보겠습니다.

소그룹 인도

사도신경 : 다 같이 | 찬송 : 338장(통 364) | 기도 : 회원 중 | 본문말씀 : 출 20:4-6
새길말씀 : 출 20:6 | 헌금 찬송 : 370장(통 455) | 헌금 기도 : 회원 중 | 주기도문 : 다 같이

우상숭배는 하나님을 온전히 신뢰하지 못하는 죄악입니다

당시 이스라엘 주변 세계의 종교는 철저하게 자연 만물을 신적인 숭배의 대상으로 삼는 자연종교(nature religion)의 성격을 가지고 있었습니다. 그들이 자연 만물을 신적인 형상으로 만들어서 숭배한 이유는 인간이 가지고 있는 연약함과 두려움으로부터 눈에 보이는 대상을 통해 안정감을 얻기 위한 것이었습니다. 출애굽기 32장은 신을 형상화하는 모습이 나옵니다. 모세가 하나님께 언약의 십계명을 받으러 시내 산에 올라갔을 때, 이스라엘 백성들은 자신들의 지도자 모세가 눈에 보이지 않자 두려운 마음에 금송아지를 만들고 애굽에서 자신들을 인도해 낸 신이라고 숭배합니다.

하나님은 백성으로 불러낸 이스라엘과 언약을 맺으며 그들과 끝까지 함께 하시며 보호하시겠다고 약속하셨습니다. 그런데 하나님과 이러한 언약을 맺은 이스라엘 백성이 '자신을 위하여 새긴 우상'(4절)을 만들었습니다. 이는 백성들을 사랑하사 언약을 세우신 하나님을 신뢰하지 못하는 죄악입니다.

"야곱아 너를 창조하신 여호와께서 지금 말씀하시느니라 이스라엘아 너를 지으신 이가 말씀하시느니라 너는 두려워하지 말라 내가 너를 구속하였고 내가 너를 지명하여 불렀나니 너는 내 것이라"(사 43:1)

우상숭배는 하나님과의 관계를 파괴하는 죄악입니다

하나님께서는 언약의 백성인 우리를 향하여 "질투하는 하나님"이라고 표현하십니다(5절). 여기서 '질투하다' 란 '맹렬히 분노하다' 라는 뜻입니다. 하나님은 하나님을 사랑하지 않고, 다른 존재를 사랑하는 자에게 맹렬히 분노하십니다. 따라서 우상을 만들거나 섬기는 사람들에 대하여 '질투하시는 하나님' 이라는 표현에는 당신의 백성을 향한 애타는 하나님의 마음과 강력한 사랑이 그대로 드러나 있으며, 이러한 사랑을 외면하는 우상숭배가 얼마나 큰 죄악인가를 알려줍니다.

또한 '질투'라는 감정은 일반적으로 결혼생활을 하는 부부관계에서 나오는 은유적인 표현입니다. 하나님께서는 자신이 택한 언약 백성들과 진실하고, 인격적인 사랑의 관계를 원하십니다(호 6:6). 요한계시록 21장에서 하나님께서는 자신을 신랑에 비유하고, 믿음의 백성 된 성도들을 신부라고 묘사할 만큼, 하나님은 인격적이고 완전한 사랑의 관계를 원하십니다. 그런데 이러한 사랑의 관계로 초대된 믿음의 성도들이 하나님이 아닌 다른 우상을 섬기고, 우상에게 마음을 빼앗긴다는 것은, 하나님과의 사랑의 관계를 파괴하는 가장 큰 죄악입니다.

"나는 인애를 원하고 제사를 원하지 아니하며 번제보다 하나님을 아는 것을 원하노라"(호 6:6)

하나님의 은혜와 사랑이 약속된 계명입니다

하나님께서는 언약 백성들에게 항상 좋은 것으로 주시기를 원하십니다. "나를 사랑하고 내 계명을 지키는 자에게는 천대까지 은혜를 베푸느니라"(6절)고 약속하셨습니다. 여기서 '사랑하는 것'과 '계명을 지키는 것'은 긴밀한 연관성이 있습니다(요 14:21). 하나님을 마음 깊이 사모하고 신뢰하는 자는 당연히 그분이 요구하시는 명령을 온 마음을 기울여 준행할 것입니다. 이때 임하는 복은 하나님께서 천대까지 베푸시는 은혜입니다. 여기서 '천'이라는 숫자는 단순히 후손의 대수만을 가리키지 않고, 그 후손에게 미칠 유익되고 복된 긍정적인 영향력까지를 내포한 표현이라 할 수 있습니다(시 23:4).

또한 하나님께서는 우상을 만들거나 그것을 섬기는 것에 대하여 '나를 미워하는 자'와 '죄'로 규정하시고 '질투하는 하나님인즉 죄를 삼사 대까지 묻겠다'라고 말씀하십니다(5절). 제2계명을 지킨 자에게 천대까지 은혜를 베풀시겠다는 말씀과 대비해 본다면, 지키지 않은 자에게도 천대까지 죄를 묻겠다는 것이 정상적일 것입니다. 그런데 하나님께서는 천대까지가 아니라 삼사 대까지 묻겠다고 말씀하십니다. 그러므로 이 말씀 속에는 당신의 백성들이 피조물을 우상화하고 섬김으로써 하나님의 은혜로부터 멀어지지 않기를 원하시는 하나님의 애타는 사랑이 담겨 있음을 알 수 있습니다.

피조물을 우상화하고 섬기는 행위는 하나님의 마음을 아프게 하며 하나님의 은혜로부터 멀어지게 합니다. 재물, 명예, 성공 등의 노예가 되어 하나님 대신 섬김으로써 하나님과 멀어진 삶을 살고 있지는 않은가를 점검해야 합니다.

> "내가 사망의 음침한 골짜기로 다닐지라도 해를 두려워하지 않을 것은 주께서 나와 함께 하심이라 주의 지팡이와 막대기가 나를 안위하시나이다"(시 23:4)

당신의 다음세대(자녀)에게 물려줄 유산은 무엇입니까?
축복인가요? 저주인가요?

하나님의 약속이 보장된 믿음

| **믿음**은 주어진 상황 속에서 하나님의 뜻을 깨닫고 그 뜻에 맞게 행동합니다. |

하나님께서는 우상의 도시 갈대아 우르에 사는 아브라함을 찾아오셨습니다. 그리고 축복이 보장된 언약을 맺으시며 갈대아 우르를 떠나라고 명령하셨습니다. 아브라함은 하나님의 약속을 붙잡고 갈대아 우르에서 가나안까지 멀고도 긴 여행을 떠났고, 하나님은 이러한 믿음의 결단을 한 아브라함을 믿음의 조상으로 택하셨습니다. 아브라함이 본토 친척 아비 집을 떠날 수 있었던 것은 전적으로 하나님을 신뢰했기 때문입니다. 오늘도 그리스도인들에게 요구되는 참된 믿음은 눈에 보이는 상황에 따른 판단이 아닌 아브라함과 같이 전적으로 하나님을 신뢰하는 믿음입니다(히 11:6). 하나님을 전적으로 신뢰하는 자들에게 하나님께서는 놀라운 축복을 약속하셨습니

소그룹 인도

사도신경 : 다 같이 | 찬송 : 302장(통 408) | 기도 : 회원 중 | 본문말씀 : 창 12:1-4
새길말씀 : 빌 3:8 | 헌금 찬송 : 542장(통 340) | 헌금 기도 : 회원 중 | 주기도문 : 다 같이

다. 아브라함에 삶의 모습을 통하여 하나님을 온전히 신뢰하는 믿음이 무엇인지 살펴보겠습니다.

최선의 결과를 주실 것을 믿는 것입니다

믿음은 '하나님을 신뢰할 때 최선의 결과가 내게 주어질 것을 믿는 것'입니다. 진정한 믿음의 사람은 당장 눈앞에 보이는 것(세상, 우상)을 보기보다는 비록 이해되지는 않지만 멀리 봅니다. 하나님이 주실 최선의 것을 사모하며, 인내하며 기다릴 줄 압니다. 성경이 말하는 믿음(헬/ 피스티스)은 진리에 대한 '확신', 특히 구원에 대한 '신뢰', '믿음', '충성', '성실' 등의 의미를 갖습니다.

아브라함이 자신에게 익숙하고 편리한 본토 친척 아비의 집을 떠날 수 있었던 원동력도 당장 눈앞에 보이는 상황과는 비교할 수 없는 최선의 결과를 하나님께서 허락해주실 것이라는 믿음이 있었기 때문입니다. 그러므로 그리스도인은 당장 눈앞에 보이는 상황에 흔들리지 말고, 최선의 결과로 우리를 인도하실 하나님을 바라보아야 합니다.

"믿음은 바라는 것들의 실상이요 보지 못하는 것들의 증거니 선진들이 이로써 증거를 얻었느니라"(히 11:1-2)

섭리가 있기에 믿어야 합니다

하나님께서는 온 우주 만물과 인간을 창조하셨습니다(창 1:1, 26). 하나님은 "내 이름으로 불려지는 모든 자 곧 내가 내 영광을 위하여 창조한 자를 오게 하라 그를 내가 지었고 그를 내가 만들었느니라"(사 43:7)고 말씀하셨습니다. 사람을 지으신 분이 하나님이시기에 모든 사람은 하나님께 나아와 하나님을 믿고 순종하며 말씀대로 살아야 합니다. 하나님을 믿고 따르는 것은 피조물의 당연한 의무이고 도리이며, 그리스도인이 걸어가야 하는 복된 길입니다.

또한 우리의 모든 삶이 끝난 후에는 영원한 심판이 있습니다(히 9:27). 사람은 하나님의 형상을 닮은 영적인 존재들입니다(살전 5:23). 그 육체가 수명이 다하여 죽어서 땅에 묻힐지라도 그 영혼은 구원받아 저 천국에 들어가게 됩니다(요 5:24). 그러나 하나님의 형상을 닮은 사람이라고 해서 모두가 믿음을 가지고 있는 것은 아닙니다. "믿음에서 떠나 미혹하는 영과 귀신의 가르침을 따르는 사람"(딤전 4:1)도 있습니다. 그래서 성경은 이런 자들의 심판을 기록하고 있습니다. 우리가 하나님을 믿어야 하는 이유는 영원한 심판에서 자유를 얻고 의롭다 함을 받기 위함입니다. 이와 같이 믿음은 그리스도인들에게 아브라함이 누렸던 모든 복을 누리며 살 수 있게 해줍니다(갈 3:7-9). 하나님께서는 인간을 향하여 이러한 섭리를 가지고 계시기 때문에 그리스도인은 하나님을 더욱 믿고 의지해야 합니다.

"내가 진실로 진실로 너희에게 이르노니 내 말을 듣고 또 나를 보내신 이를 믿는 자는 영생을 얻었고 심판에 이르지 아니하나니 사망에서 생명으로 옮겼느니라"(요 5:24)

신뢰할 때 바른 믿음을 소유하게 됩니다

하나님이 아브라함을 찾아오셔서 하신 말씀이 '갈대아 우르를 떠나라'(1절)는 것이었습니다. 정든 고향과 일가친척 부모 형제를 떠나는 일이 절대 쉬운 일이 아닙니다. 아마도 인생에 있어 가장 큰 결단을 해야 하는 상황이었을 것입니다. 그러나 아브라함은 온전히 하나님을 믿고 신뢰했기 때문에 75년 동안 살았던 정든 고향집을 다 버리고 떠날 수 있었습니다.

'떠남'을 통해 하나님을 온전히 믿는 아브라함의 믿음을 볼 수 있습니다. 아브라함에게 있어서 '떠남'은 옛사람을 벗어버리는 것으로 우상과 죄악 된 생활을 청산하고 새로운 삶을 시작하겠다는 믿음의 결단입니다. 익숙한 환경과 자신의 힘을 의지하지 않고, 하나님만을 온전히 따르기 위해 모든 것을 버릴 수 있는 바른 믿음을 소유해야 합니다. 사도 바울 역시 지난날의 지식(철학), 습관(문화), 명예, 가문, 가치관들을 배설물처럼 여겼을 때 온전히 하나님의 사람으로 쓰임 받았음을 고백하고 있습니다(빌 3:8-9). 이러한 '떠남', '내려놓음'의 과정(체험)이 반드시 있어야 온전한 믿음으로의 거듭남이 시작될 수 있습니다. 그것이 바로 믿음으로 말미암은 하나님의 의, 주님께서 가장 원하시는 바른(온전한) 믿음의 사람입니다.

"또한 모든 것을 해로 여김은 내 주 그리스도 예수를 아는 지식이 가장 고상하기 때문이라 내가 그를 위하여 모든 것을 잃어버리고 배설물로 여김은 그리스도를 얻고 그 안에서 발견되려 함이니 내가 가진 의는 율법에서 난 것이 아니요 오직 그리스도를 믿음으로 말미암은 것이니 곧 믿음으로 하나님께로부터 난 의라"(빌 3:8-9)

떠나는 믿음, 내려놓는 믿음! 그리고 저 큰 은혜의 바다로 향하십시오!

그리스도인이 가져야 할 믿음의 초점

| **믿음**은 주어진 상황 속에서 하나님의 뜻을 깨닫고 그 뜻에 맞게 행동합니다. |

하나님께서 이스라엘에게 명하신 두 번째 계명은 '우상을 만들지 말라'는 것입니다. 이에 모세는 약속의 땅 가나안에 들어가서 이스라엘 백성이 할 일들을 알려 주면서 다른 무엇보다 우선적으로 우상숭배 금지를 가르쳐 주었습니다. 가나안 땅은 하나님께서 그들에게 허락하신 약속의 땅, 축복의 땅, 은혜의 땅입니다. 하나님은 그 땅에서 살아야 할 이스라엘 백성들이 다른 신을 좇고 섬기는 것과 거짓 선지자들의 미혹에 빠지는 것을 결코 용납하지 않으십니다. 주님께서 허락하신 약속의 땅에 들어가는 것보다 더 중요한 것은 약속의 땅에 들어가기 합당한 모습을 갖추는 것입니다. 그리스도인으로서 갖추어야 하는 합당한 믿음의 자세가 무엇인지 살펴보겠습니다.

소그룹 인도

사도신경 : 다 같이 | 찬송 : 543장(통 342) | 기도 : 회원 중 | 본문말씀 : 신 13:1-11
새길말씀 : 신 13:4 | 헌금 찬송 : 542장(통 340) | 헌금 기도 : 회원 중 | 주기도문 : 다 같이

바른 믿음을 갖추어야 합니다

그리스도인들에게 믿음의 중요성을 아무리 강조해도 부족함이 없습니다. 그러나 믿음 자체가 중요한 것은 아닙니다. 믿음의 대상을 바로 알고 믿는 것이 중요합니다. 복과 화는 '누구를 믿고, 무엇을 믿고 섬기느냐'에서 시작되기 때문입니다. 누구를(무엇을) 믿느냐에 따라서 복을 얻을 수도 있고, 화를 얻을 수도 있다는 것입니다. 우리의 믿음의 대상은 사람도 아니고 우상은 더욱 아닙니다. 오직 한 분, 전능하신 하나님만이 우리가 믿어야 할 믿음의 대상입니다. 그러므로 우상을 철저히 배격하는 그리스도인들에게는 하나님만을 사랑하고, 하나님의 말씀을 믿고 따를 때, 바른 믿음이 생겨납니다.

"선지자 예레미야가 선지자 하나냐에게 이르되 하나냐여 들으라 여호와께서 너를 보내지 아니하셨거늘 네가 이 백성으로 거짓을 믿게 하는도다"(렘 28:15)

하나님과 동행하는 삶을 살아야 합니다

하나님을 믿는 성도는 임재의식(臨在意識)을 가져야 합니다. 임재의식이란 '하나님이 언제나 나와 함께 계심을 믿는 믿음'을 말합니다. 에녹은 임재의식을 갖고 하나님과 300년이나 동행하는 삶을 살았습니다. 하나님은 이런 에녹을 기뻐하셨습니다. 결국 에녹은 하나님과 동행하고, 살아서 하늘나라로 올라갔습니다.

믿음의 사람들은 하나님과 동행하는 삶을 살면서 하나님께 순종해야 합니다. 예수님도 십자가 고난의 길을 걸으면서 결코 하나님께 대한 순종의 길을 저버리시지 않았습니다. 주의 길을 가는 것은 주님의 뒤를 따르는 것입니다. 그 가는 길이 좁고 협착하여 때로는 견디기 힘들더라도 가야만 하는 고난의 길입니다(마 7:13-14). 예수님은 "누구든지 나를 따라오려거든 자기를 부인하고 자기 십자가를 지고 나를 따를 것이니라"(마 16:24)고 말씀하셨습니다. 나를 위해 만든 우상이 아닌 오직 주님을 바라볼 때 그리스도인들은 주님과 동행하는 삶을 살게 됩니다.

> "에녹은 육십오 세에 므두셀라를 낳았고 므두셀라를 낳은 후 삼백 년을 하나님과 동행하며 자녀들을 낳았으며 그가 삼백육십오 세를 향수하였더라 에녹이 하나님과 동행하더니 하나님이 그를 데려가시므로 세상에 있지 아니하였더라"(창 5:21-24)

하나님께 기쁨이 되는 삶을 살아야 합니다

많은 그리스도인들은 착하고 성실하게 살고, 이웃을 돕는 삶이 하나님을 기쁘시게 할 것이라고 생각합니다. 물론 이렇게 빛과 소금의 역할을 하는 것도 중요합니다. 그러나 성도가 가져야 할 믿음의 초점은 사람이 아니라 하나님입니다. 사람들에게 '착한 사람'이라고 불리는 것도 필요하지만 그것보다는 끝까지 주님을 바라보고, 주님을 기쁘시게 하는 삶에 초점을 맞추어야 합니다. 그것이 우리의 믿음 생활이고 사명입니다. 그래서 성경은 하나님께서 가장 기뻐하시는 것은 성도의 '믿음'이라고 선언하고 있습니다(히 11:6).

하나님께서는 가나안 땅을 향하는 이스라엘 백성들에게 눈에 보이는 어떤 행동이나 업적을 요구하신 것이 아닙니다. 자신들을 위하여 새긴 우상을 버리고, 하나님만을 바라보는 믿음이었습니다. 즉 하나님은 당신의 백성들이 하나님만을 신뢰하고 의지하는 믿음을 갖는 것을 가장 기뻐하십니다. 하나님은 강한 능력과 헌신으로 큰일을 한 엘리야나 다윗 왕과 같은 업적을 때로는 원하십니다. 그러나 에녹처럼 언제나 하나님과 동행하며 말씀에 순종하고, 교제하며, 하나님을 기쁘시게 해 드리는 것을 더 귀하게 여기십니다. 이것이 우리 신앙의 기반이 되어야 합니다. 그래서 하나님은 그리스도인들에게 하나님을 경외하며, 그 명령을 따르고, 그 목소리를 청종하며, 의지하는 삶을 원하십니다(삼상 15:22). 그것이 하나님을 기쁘시게 하는 바른 믿음의 모습입니다.

"보라 그의 마음은 교만하여 그의 속에서 정직하지 못하니라 그러나 의인은 그 믿음으로 말미암아 살리라"(합 2:4)

가장 큰 복은 하나님과 동행하는 것입니다.

나는 정의로운 사람인가!

| **정의**는 하나님의 법과 성품에 근거하여 현명한 판단을 내립니다. |

다윗 왕 이후 많은 왕들은 하나님의 계명을 지키지 않아 하나님의 진노를 샀습니다. 하지만 아사 왕은 달랐습니다. 그는 남쪽 유다 왕 중 세 번째 왕으로 하나님의 계명을 잘 지켜 복을 받은 왕입니다. 아사 왕은 왕이 되자 먼저 자신의 할머니 '마아가'에 의해 만들어진 우상을 파괴하고, 유다 백성들을 명하여 모든 우상을 제거했습니다. 그리고 조상들이 믿던 여호와 하나님을 경외하게 하였으며, 율법과 그 명령을 지키게 하였습니다. 이렇게 아사 왕이 하나님 보시기에 선과 정의를 행하였더니 하나님께서 아사 왕을 기뻐하시고 10년 동안 평안을 주셔서, 성읍을 건축하고 성곽과 망대를 쌓아 나라를 든든히 만들어 가게 하셨습니다. 아사 왕은 하나님의 공의와

소그룹 인도

사도신경 : 다 같이 | 찬송 : 546장(통 399) | 기도 : 회원 중 | 본문말씀 : 대하 14:1-5
새길말씀 : 렘 33:15 | 헌금 찬송 : 430장(통 456) | 헌금 기도 : 회원 중 | 주기도문 : 다 같이

정의를 실현한 믿음의 사람이었습니다. 십계명 가운데 두 번째 '너를 위하여 새긴 우상을 만들지 말라'는 계명은 하나님과의 사랑의 관계 회복을 위해 주신 하나님의 약속입니다. 하나님의 사랑은 잃어버린 믿음을 회복시키는 능력입니다. 하나님을 신뢰하는 자는 현명한 판단을 내리는 '정의' 성품으로 우상을 버리고 하나님만 의지하게 됩니다. 하나님을 신뢰할 때 주어지는 '정의'라는 성품을 아사 왕의 신앙과 삶을 통하여 살펴보겠습니다.

정의란 옳은 일을 위해 '책임'을 지는 것입니다

정의(Justice)란 히브리 원어로 '쩨다카'인데, 그 의미는 '정직한, 적합한, 옳은' 등을 말합니다. 즉 정의란 '깨끗하고 옳으며 진실한 것을 지키기 위해 개인적으로 책임을 지는 것'을 말합니다. 아사 왕이 우상을 제거하려고 했을 때 우상에 찌들어 있던 당시 사회적 분위기나 구성원에 반대도 있었습니다. 하지만 당장 눈앞에 보이는 상황이 어렵고, 두렵다 하더라도 바르고 옳은 일을 하는 데 방해가 될 수는 없습니다. 아사 왕은 하나님을 신뢰하기에 '책임'지고 우상을 제거했습니다. 하나님은 정의를 사랑하십니다(시 33:5). 하나님의 말씀에 의한 현명한 판단으로 옳은 일을 하기 위해 책임을 지는 자들에게 주님께서는 풍성한 은혜를 베풀어주십니다.

"그는 공의와 정의를 사랑하심이여 세상에는 여호와의 인자하심이 충만하도다"(시 33:5)

정의는 하나님의 속성입니다

하나님은 두 가지 속성을 가지고 계십니다. 정의로우심과 자비로우심입니다. 하나님의 정의는 우리가 지은 죄에 대한 정죄의 심판을 말하고, 하나님의 자비는 우리가 죄인임에도 불구하고 우리를 향해서 베푸시는 하나님의 사랑과 용서를 말합니다. 하나님의 사랑은 죄인인 우리를 구원하시기 위해 독생자 예수 그리스도를 이 땅에 보내셔서 온 인류의 죗값을 대신하여 십자가에 죽게 하셨습니다(요 3:16). 그러나 하나님의 크신 사랑을 받아들이지 않고 끝까지 하나님을 거역하며 죄를 짓다가 하나님의 심판대에선 사람들에게는 더 이상 사랑의 하나님은 아니십니다. 다만 정의를 집행하는 인류의 재판관이실 뿐입니다. 하나님은 이 땅에 공의와 정의를 행하시고, 완성하십니다(렘 23:5). 그리스도인들은 하나님의 사랑을 기억하며 자신 스스로에게 또한 이 땅에 하나님의 정의를 실천하기에 힘써야 합니다.

"여호와의 말씀이니라 보라 때가 이르리니 내가 다윗에게 한 의로운 가지를 일으킬 것이라 그가 왕이 되어 지혜롭게 다스리며 세상에서 정의와 공의를 행할 것이며 그의 날에 유다는 구원을 받겠고 이스라엘은 평안히 살 것이며 그의 이름은 여호와 우리의 공의라 일컬음을 받으리라"(렘 23:5-6)

하나님을 의지할 때 정의가 세워집니다

돈, 명예, 자녀, 취미생활(문화) 혹은 지식 등을 하나님보다 더 사랑하면 (중독) 그것이 우상입니다. 아사가 왕이 되자 제일 먼저 한 일은 이방 제단과 신당을 없애고 모든 우상을 제거했습니다. 그리고 온 이스라엘 백성들이 하나님 앞에 지은 죄를 회개하고, 여호와 하나님의 율법을 지켜 행하게 함으로 유다왕국에 하나님의 정의가 세워지도록 했습니다. 하나님은 이러한 아사 왕을 기뻐하셨고 복을 주셨습니다. 유다왕국은 평안해졌고 나라는 부강해졌습니다.

이런 아사 왕에게 위기가 찾아왔습니다. 구스 사람 세라가 백만 대군을 이끌고 전쟁을 일으켜 유다를 공격했습니다. 그러나 아사 왕은 하나님을 신뢰하고 의지하며 부르짖어 하나님의 도우심을 구했습니다(렘 33:3). 하나님은 아사 왕이 하나님의 정의를 세우기 위해 온갖 우상을 부수고, 백성들로 하여금 하나님만을 섬기게 했던 일들을 기억하시고 구스의 백만 대군을 쳐서 유다 왕 아사로 하여금 큰 승리를 거두게 하셨습니다(대하 14:12-14). 정의의 실현은 사람의 힘만으로는 불가능합니다. 반드시 하나님의 도우심이 있어야 합니다. 이와 같이 하나님의 정의가 세워지기를 원한다면 아사 왕처럼 우리 안에 있는 모든 우상들을 제거하고, 하나님의 도우심을 구해야 할 것입니다.

"너는 내게 부르짖으라 내가 네게 응답하겠고 네게 알지 못하는 크고 은밀한 일을 네게 보이리라"(렘 33:3)

매 순간 현명한 판단을 내릴 수 있도록 하나님을 신뢰합니다.

정의를 실현한 히스기야

| **정의**는 하나님의 법과 성품에 근거하여 현명한 판단을 내립니다. |

선민 이스라엘은 하나님의 율법과 계명을 지키지 않아 하나님의 진노를 받았음에도 회개하지 않고, 여전히 하나님을 거역하며 우상숭배를 멈추지 않았습니다. 이러한 죄 때문에 나라가 북 이스라엘과 남 유다로 갈라지는 불행을 초래했습니다. 분열 이후 남 유다 13대 왕으로 히스기야가 즉위하자 먼저 성전을 성결케 하고, 백성들에게 유월절을 지킬 것을 명령했습니다(30:1). 또한 백성들을 모아 산과 들에 세워진 각종 우상을 제거했으며(1절), 백성들이 하나님 앞에 제사드릴 때 불편하지 않도록 제사장과 레위인들의 직책을 회복시켰습니다(2-3절). 이렇게 히스기야는 하나님께서 명령하신 계명과 율례를 지킴으로 하나님의 정의를 실현했습니다. 하나님은 정의

소그룹 인도

사도신경 : 다 같이 | 찬송 : 384장(통 434) | 기도 : 회원 중 | 본문말씀 : 대하 31:1-21
새길말씀 : 대하 31:20 | 헌금 찬송 : 290장(통 412) | 헌금 기도 : 회원 중 | 주기도문 : 다 같이

를 행하며 하나님의 뜻을 세운 히스기야 왕과 유다 백성들에게 형통의 복을 허락하셨습니다(21절). 정의는 하나님의 법과 성품에 근거하여 현명한 판단을 내리는 것입니다. 이와 같이 하나님의 정의를 실현한 히스기야 왕의 신앙적 교훈을 살펴보겠습니다.

우상들을 척결했습니다

히스기야 왕은 외적으로 우상들을 철폐하고 개혁을 추진했다면, 내적으로는 제사 제도를 회복하며 십일조와 헌물을 구별하여 드릴 수 있도록 하여 계속해서 종교개혁을 진행하는 모습을 보여주고 있습니다. 이것은 히스기야 왕의 개혁이 일시적인 것이 아니라, 지속적으로 신앙 성숙을 꾀하고, 하나님께서 통치하시는 신정 국가의 모습을 회복하도록 하는 의도적인 개혁임을 알 수 있습니다.

히스기야 왕의 개혁에서 참된 신앙의 회복은 죄에 대한 진정한 회개와 그 죄의 근원을 척결하는 결단이 따라야 함을 보게 됩니다. 유월절 준수 직후, 자발적으로 우상들을 척결하는 백성들의 모습이 바로 그것입니다(1절). 산당 및 제단을 제거하였습니다. 본서에는 기록이 없지만, 이때 우상숭배 대상 중의 하나였던 모세가 만든 '놋뱀'도 부숴버린 것을 알 수 있습니다(왕하 18:4). 이는 이스라엘 백성들이 더 이상 우상을 숭배하지 않겠다는 의지를 표명한 것으로 하나님과의 언약을 회복한 자들의 당연한 태도라 하겠습니다.

"그가 여러 산당들을 제거하며 주상을 깨뜨리며 아세라 목상을 찍으며 모세가 만들었던 놋뱀을 이스라엘 자손이 이때까지 향하여 분향하므로 그것을 부수고 느후스단이라 일컬었더라"(왕하 18:4)

하나님의 제도를 회복시켰습니다

제사장들과 레위인들의 성직 반차는 다윗이 제정하고(대상 23:6) 솔로몬이 재확립한 것이었으나(8:14) 분열 왕국 이후로 유명무실해졌습니다. 이것을 다시 회복시킴으로써 히스기야 왕은 성전 제사(예배)의 정신뿐 아니라, 그 형식까지도 완벽하게 갖추었습니다. 교회는 예배자의 신실한 믿음뿐만 아니라, 올바른 예배의식과 제도의 필요함을 직시해야 합니다. 형식은 내용을 지배할 때가 많다는 사실을 쉽게 여겨서는 안 됩니다.

특히 히스기야 왕은 십일조 제도의 재정비에 힘썼습니다(4-19절). 십일조의 공정한 관리와 분배를 위해 그 보관 장소를 건축하고(11절), 관리 책임자를 공정하게 임명함으로 백성들의 신뢰를 얻었습니다(12-13절). 이는 정치적인 측면에서 백성들의 저항과 이목을 두려워하지 않는 대단한 신앙적 결단이었고, 신앙적인 측면에서 성직자들의 반차 제도를 실질적으로 효과 있게 운영함으로써 백성들의 영적 부흥을 위한 근본적 기초를 만들었습니다.

"만군의 여호와가 이르노라 너희의 온전한 십일조를 창고에 들여 나의 집에 양식이 있게 하고 그것으로 나를 시험하여 내가 하늘 문을 열고 너희에게 복을 쌓을 곳이 없도록 붓지 아니하나 보라"(말 3:10)

형통의 복을 받았습니다

히스기야 왕은 온 유다에 하나님 보시기에 선함과 진실하므로 하나님의 정의를 실천하였고(20절), '하나님의 정의'(God justice)를 실현하는 나라를 만들었습니다. 하나님께서는 이렇게 모든 일에 하나님의 정의를 세우고, 하나님을 의지하며 기도하는 삶을 살았던 히스기야 왕을 기뻐하시고, 그가 통치하는 동안 온 유다에 형통의 복을 주셨습니다. 즉 저의 삶 속에서 하나님의 구체적인 다스림을 받았습니다. 그래서 그가 살아있는 동안에 형통하며 여호와의 진노가 임하지 아니하는 복을 받았습니다(21절).

하나님께서는 하나님을 온전히 섬기고 따르고자 힘쓰는 그리스도인들을 합당한 길로 인도해주시고 그의 삶을 다스려주십니다. 이것이 진정한 형통의 복입니다. 하나님의 정의를 삶 속에서 실현한다는 것은, 때로는 정의를 거부하는 세상 속에서 고난이 따르고 아픔도 겪지만, 궁극적으로는 그리스도인들이 걸어가야 할 길입니다.

"두려워하지 말라 내가 너와 함께 함이라 놀라지 말라 나는 네 하나님이 됨이라 내가 너를 굳세게 하리라 참으로 너를 도와주리라 참으로 나의 의로운 오른손으로 너를 붙들리라"(사 41:10)

하나님께서는 우리의 마음 중심에 하나님이 있기를 원하십니다.

제 3계명
여호와의 이름을 망령되게 부르지 말라!

우 리는 가끔 자신이나 누군가의 이름을 걸고 맹세합니다. 이때 누군가의 이름으로 맹세하느냐에 따라 그 말에 대한 신뢰도가 달라집니다. 여기서 이름은 단순한 이름이 아니라 얼마나 신뢰할 수 있는 존재인가를 나타냅니다. "네 하나님 여호와의 이름을 망령되게 부르지 말라"는 제3계명에서도 하나님의 이름은 거룩하고 신뢰할만한 이름입니다. 따라서 그의 이름을 망령되게 부르거나 악용하는 것은 하나님께 죄를 짓는 것입니다(7절).

구약시대 이스라엘 백성들이 하나님의 이름을 아는 것은 필요했지만, 하나님 자신의 이름이 함부로 불리는 것은 금하셨습니다. 실제로 고대 이스라엘 백성들은 세 번째 계명인 여호와의 이름을 망령되이 일컫지 말라는 의미를 성

소그룹 인도

사도신경 : 다 같이 ┃ 찬송 : 338장(통 364) ┃ 기도 : 회원 중 ┃ 본문말씀 : 출 20:7
새길말씀 : 출 20:7 ┃ 헌금 찬송 : 370장(통 455) ┃ 헌금 기도 : 회원 중 ┃ 주기도문 : 다 같이

경을 읽는 것에도 적용하여 '여호와(또는 야훼)' 라는 글자가 나오면, 그 이름을 부르는 것이 아니라 주라는 뜻의 '아도나이' 라고 읽었습니다. 그러나 이러한 마음 자세도 중요하지만, 더 중요한 것은 여호와 하나님의 이름이 사람 자신의 필요나 욕심, 욕망을 채우고 이용되는 도구로 사용되지 않는 것입니다.

출애굽 당시뿐만 아니라 현대에도 하나님께서는 자신의 이름이 함부로 사용되지 않고, 망령되이 불리지 않도록 세 번째 계명을 우리에게 주셨습니다. 이 세 번째 계명이 의미하는 것이 무엇이고 어떤 의미인지 보다 자세하게 살펴보겠습니다.

하나님의 이름 여호와는 스스로 영원히 존재하는 창조주임을 나타냅니다

성경에서 나오는 이름은 단순한 글자가 아니라 그 사람의 존재를 나타냅니다. 또한 그 사람이 어디서 왔는지, 어떤 사명을 받았는지가 이름에 담겨 있습니다. 흙으로 지어진 아담의 어원은 '아다마' 에서 왔는데, 그 뜻이 흙입니다. 아브라함이라는 이름도 '많은 무리의 아버지' 라는 뜻을 가지고 있습니다(창 17:5). 이삭은 '웃음' 이란 뜻이며(창 17:19), 하나님은 야곱에게 '이스라엘' 이라는 이름을 다시 주셨는데, 그 뜻은 하나님과 겨루어 이김이라는 뜻입니다. 모세의 뜻은 '건져낸 자' 입니다. 그는 이집트 나일강에서 공주로부터 건짐을 받았습니다. 이렇듯 성경에서 이름들은 본인 자신의 본성(기질), 자신만의 특별한 것을 드러내는 의미를 담고 있습니다.

하나님께서는 모세에게 자신의 이름을 '스스로 있는 자', '여호와' 라고 알려 주셨습니다(출 3:14). 이것은 피조물이 아닌 창조주로서 영원히 스스로 존재한다는 하나님의 이름입니다. 하나님 자신이 사람을 창조하시고 그 사람과 함께 대화하고 함께 교제하실 수 있는 인격적인 분이라는 사실을 나타냅니다. 하나님은 피조물이 아니라 영원히 스스로 존재하는 창조주이시기에 그 세상 누구와도 비교할 수 없을 만큼 신뢰할 수 있는 분이십니다.

"하나님이 모세에게 이르시되 나는 스스로 있는 자이니라 또 이르시되 너는 이스라엘 자손에게 이같이 이르기를 스스로 있는 자가 나를 너희에게 보내셨다 하라"(출 3:14)

여호와 하나님의 이름에는 권세와 능력이 있습니다

고대 근동에서 신의 이름을 부를 때는 신 앞에 간절한 염원을 가지고 나아가는 특별한 의미가 있었습니다. 신의 이름으로 기도하며 그의 능력을 간절히 구하는 것이었습니다. 다윗은 여호와의 이름으로 백성들을 축복하였습니다(삼하 6:18). 엘리사 선지자는 여호와의 이름으로 그를 놀리던 아이들을 저주하였습니다(왕하 2:24). 그 결과 42명의 아이들이 죽게 되었습니다. 사울은 다윗에게 왕의 자리를 빼앗길 것이라 생각하고 다윗을 죽이고자 하였습니다. 그러나 사울의 아들 요나단은 다윗을 도왔고, 여호와의 이름으로 맹세하면서 다윗을 평안히 보냈습니다(삼상 20:42).

다윗은 골리앗을 대적하며, '너는 칼과 창과 단창으로 내게 나아오거니와 나는 만군의 여호와의 이름 곧 네가 모욕하는 이스라엘 군대의 하나님의 이름으로 나아간다'라고 당당히 맞섰습니다(삼상 17:45). 모세는 하나님의 이름으로 맹세하고 축복하였습니다(신 6:13, 10:18).

이처럼 하나님의 이름은 단지 호칭이 아니라 권세와 능력을 나타내는 통로입니다. 여호와 하나님의 이름으로 모든 저주와 복이 나오며, 그의 이름에는 권세와 능력이 있습니다. 그러므로 전능하신 여호와 하나님의 이름을 신실하게 부르며 살아가야 합니다.

"다윗이 블레셋 사람에게 이르되 너는 칼과 창과 단창으로 내게 나아오거니와 나는 만군의 여호와의 이름 곧 네가 모욕하는 이스라엘 군대의 하나님의 이름으로 네게 나아가노라"(삼상 17:45)

여호와 하나님의 이름은 망령되이 일컫는 이름이 아닙니다

여호와 하나님의 이름은 권세와 능력이며, 온전히 존귀와 영광 받으시기에 합당한 이름입니다. 고귀한 하나님의 이름이기에 하나님은 십계명을 통해 그의 이름이 망령되이 일컬어지지 않도록 명령하셨습니다.

'망령되다'라는 말은 '불성실하게, 헛되이, 경솔하게, 함부로'라는 뜻입니다. 따라서 우리에게 고귀한 하나님의 이름을 주셨다는 것은 무한한 위로와 복이 될 수 있지만, 동시에 함부로 사용하면 재앙이 될 수도 있음을 뜻합니다. 그러므로 그리스도인들은 여호와 하나님의 이름을 존중해야 하며, 하나님의 능력을 의지하며 불러야 합니다. 하나님의 이름으로 거짓 맹세하고, 거짓 예언하거나 점을 치는 등 자신의 욕망을 채우는 도구로 사용하지 말아야 합니다. 무엇보다 하나님의 백성이라 불리면서도 하나님 뜻대로 살지 않을 때 하나님의 이름을 망령되게 하는 것입니다. 그러므로 자신의 욕망을 채우는 도구가 아닌 하나님의 말씀대로 살려는 결단이 있어야 합니다.

"하나님이여 주의 이름으로 나를 구원하시고 주의 힘으로 나를 변호하소서"(시 54:1)

하나님의 이름을 존중하며 살아갈 때,
하나님의 지혜와 권능을 체험하며 살아갈 수 있습니다.

섬기는 삶의 뿌리 '존중'

| **존중**은 타인의 행복을 우리 자신의 즐거움보다 먼저 생각합니다. |

이름을 통해 사람, 사물이 구분됩니다. 그런 점에서 이름은 그 사람 혹은 그 사물 자신(자체)이라고 할 수 있습니다. 어떤 사람의 이름에 대한 태도는 그 사람에 대한 태도와 일치한다고 볼 수 있습니다. 그러므로 이름을 함부로 부르면서 그 사람을 존중한다고 할 수 없습니다. '여호와의 이름을 망령되이 부르지 말라' 는 말씀 속에는 하나님에 대한 존중함이 요구됩니다. 하나님을 존중하지 않을 때는 하나님의 이름을 욕되게 하며, 경시하여 아무렇지 않게 욕설을 하고 원망하기 때문입니다.

십계명 중 3계명인 "여호와의 이름을 망령되이 일컫지 말라"는 말씀을 삶 속에서 실천하며 살아가는 것이 진정으로 하나님을 존중하는 태도입니다.

소그룹 인도

사도신경 : 다 같이 | 찬송 : 619장 | 기도 : 회원 중 | 본문말씀 : 마 5:38-42
새길말씀 : 마 5:39 | 헌금 찬송 : 585장(통 384) | 헌금 기도 : 회원 중 | 주기도문 : 다 같이

하나님을 존중할 때 사람들을 존중할 수 있습니다. 이렇게 존중하는 마음은 어떤 것인지, 어떻게 존중하는 삶으로 나아가는지를 예수님의 말씀을 중심으로 살펴보겠습니다.

사람들은 서로 존중하기보다 자기중심적으로 생각합니다

존중은 주위 사람이 좋아하고 즐기는 것을 방해하거나 반대하지 않기 위해 내 자유를 제한하는 태도입니다. 존중하는 사람은 내 마음대로 행동하지 않습니다. 자신이 힘들고 어렵더라도 상대방을 높여줍니다. 그러나 어느 순간 자신도 모르게 존중하기보다는 자기중심적이고 이해타산 적이 되어가고 있는 모습을 보게 됩니다. 어려서는 서로 좋아해서 대가를 기대하지 않고 주고받습니다. 그런데 어느 순간부터 주고받는 것에서 손해가 나면, 화가 나고 어떻게든 손해나지 않으려 합니다. 더 나가 더 많이 받는 것을 기뻐하기도 합니다.

레위기 24장 19-20절 말씀을 통해 눈은 눈으로 이는 이로 갚으라고 율법은 이야기합니다. 사회적 율법이기에 그럴 수 있습니다. 그러나 예수님은 그리스도인들이 사람들과 관계를 맺고 살 때 이는 이, 눈은 눈이라는 이해타산의 마음을 가지고 살지 말라고 말씀하십니다. 오히려 오른쪽 뺨을 치거든 왼편도 돌려대라고 합니다. 하지만 세상의 가치관은 다릅니다. 한 대 때리면, 상대방도 한 대 때려야 합니다. 더 나아가 누가 먼저 시작했는지, 누가 더 세게 때렸는지, 누가 더 모욕적인지를 가리는데 이는 끝없는 증오만 남게 됩니다. 자기중심적이고 이해타산적인 삶은 결코 하나님 나라를 경험할 수 없습니다.

"욕을 당하시되 맞대어 욕하지 아니하시고 고난을 당하시되 위협하지 아니하시고 오직 공의로 심판하시는 이에게 부탁하시며"(벧전 2:23)

존중은 상대방에게 상처를 주거나 복수하지 않습니다

세상을 살다 보면, 부당한 일로 인해 상처를 입게 됩니다. 39절의 '악한(포네로스)'은 상처를 입히고, 부당하게 대하는 뜻으로 고통(포노스)이라는 뜻에서 파생된 단어입니다. 물고 뜯고 상처 주는 고통은 어느 한쪽이 아닌 모두에게 생기게 됩니다.

송사하는 일과 상소하는 일이 끝없이 이루어집니다. 이런 상처투성이로 많은 이들이 힘들어하며 고통받고 있습니다. 복수하는 일은 일의 끝이 아니라 또 다른 복수의 시작이 됩니다. 원수나 악한 자들을 대적하거나 복수하는 것은 하나님의 뜻도 아니며, 하나님 나라를 이루는 삶도 아닙니다. 죄인이었던 우리를 위해 죽으신 예수님의 사랑 앞에 상처와 복수를 내려놓는 결단을 해야 합니다.

"너는 악을 갚겠다 말하지 말고 여호와를 기다리라 그가 너를 구원하시리라"(잠 21:22)

존중은 하나님과 타인의 행복을 먼저 생각합니다

성경을 통해 본 존중의 의미는 자신의 이익이 아니라 악한 자라 하더라도 사랑의 손길을 보내는 마음입니다. 다른 사람을 존중할 때, 사랑과 도움의 손길을 줄 수 있습니다.

믿음의 사람 링컨이 미국의 대통령이 되기 전 젊은 시절 일리노이주에서 변호사로 일했던 당시의 일입니다. 초년생이었던 링컨은 당시 유명한 변호사 스탠튼으로부터 애송이 취급과 촌뜨기라고 무시 받았습니다. 그 후에도 스탠튼은 링컨의 정치적 라이벌이자 적대관계였습니다. 시간이 흘러 링컨이 대통령이 되었고, 국방부 장관 인선을 고심하던 끝에 스탠튼을 임명하고자 했습니다. 참모들은 반대했지만, 링컨은 자신을 적대했던 스탠튼을 적임자로 지명했습니다. 스탠톤도 놀랐고, 남북전쟁을 승리로 이끌게 되었습니다. 링컨이 피격을 당하자 스탠톤은 그의 곁을 지키며 목놓아 울면서 다음과 같이 고백했습니다. '인류 역사상 가장 위대한 통치자가 여기 누워 있습니다. 사람과 나무는 누워 있을 때라야 진정한 크기를 알 수 있습니다' 자신을, 모욕적인 태도로 무시했던, 오랫동안 정적이었던 자를 포용한 믿음의 사람 링컨의 모습에서 진정한 존중을 보게 됩니다.

나의 행복이나 이익보다 하나님 나라를 먼저 생각하는 것, 이것이 진정 여호와 하나님 이름을 망령되게 하지 않는 것이며 존중하는 것입니다.

'하늘에 계신 우리 아버지여, 이름이 거룩히 여김을 받으시오며' 라고 예수님은 주기도문을 통해 말씀하십니다. 성령 충만함으로 내 안에 진정한 존중의 성품을 가지고 주의 이름을 높이는 삶을 살아야 합니다.

"악을 악으로 욕을 욕으로 갚지 말고 도리어 복을 빌라 이를 위하여 너희가 부르심을 입었으니 이는 복을 유업으로 받게 하려하심이라" (벧전 3:9)

하나님의 이름을 존중하며 의지할 때, 다른 사람들을 존중하며 섬길 수 있습니다.

선으로 악을 이기는 '존중'

| **존중**은 타인의 행복을 우리 자신의 즐거움보다 먼저 생각합니다. |

다윗은 사울을 죽일 수 있었지만, 사울의 겉옷 자락만 잘라냈습니다. 다윗은 여호와께서 기름 부어 세운 왕, 사울을 치는 것은 여호와께서 금하신 일이라고 하였습니다. 한편 다윗은 동굴에서 나와 사울이 잘 때 베어 온 옷자락을 보이며 "내 주 왕이여"라고 외치고 땅에 얼굴을 대고 엎드려 절하였습니다. 그리고 다윗은 사울 왕께 잘못을 저지르거나 반역한 것이 아니라는 것을 알아달라고 하였습니다. 또한 여호와께서 우리 재판관이 되셔서 우리 사이를 판단해 주시기 바란다고 하였습니다.

하나님을 존중했던 다윗은 사울을 죽일 수 있는 기회가 왔지만 죽이지 않았습니다. 하나님을 존중하는 마음 때문에 하나님이 기름 부어 세운 왕 사

소그룹 인도

사도신경 : 다 같이 | 찬송 : 436장(통 493) | 기도 : 회원 중 | 본문말씀 : 삼상 24:1-15

새길말씀 : 삼상 24:6 | 헌금 찬송 : 449장(통 377) | 헌금 기도 : 회원 중 | 주기도문 : 다 같이

울도 존중할 수 있었습니다. 다윗처럼 하나님의 이름을 망령되이 일컫지 않고, 하나님을 존중하는 사람은 어떤 생활을 하는지 살펴보겠습니다.

하나님의 뜻을 먼저 헤아립니다

다윗의 신하들은 사울이 용변을 보고 있을 때 여호와께서 그를 죽일 수 있는 기회를 주신 줄로 확신하고 사울을 죽이라고 조언하였습니다. 그러나 다윗은 사울의 옷자락만 잘랐고 그것까지도 양심의 가책을 느꼈습니다. 그리고 다윗은 자기 신하들에게 '여호와의 기름부음 받은 내 주를 치는 것은 여호와의 금하신 것'이라며 사울을 해하지 말라고 명령하였고 이것이 하나님의 뜻임을 알고 있었습니다.

하나님의 뜻이 자기의 생각과 다를지라도 먼저 하나님의 뜻을 존중하고 행동해야 합니다. 세상에서는 자신의 뜻과 생각이 다르거나, 해를 당하면, 존중하지 않고 멸시와 복수, 적대적인 관계를 당연하게 생각하게 합니다. 그러나 존중의 성품은 무례하게 행동하지 않는 것입니다. 내 감정대로 행동하지도 않습니다. 어떤 것보다 먼저 하나님의 뜻을 헤아리고 행동합니다.

"이르시되 아버지여 만일 아버지의 뜻이거든 이 잔을 내게서 옮기시옵소서 그러나 내 원대로 마시옵고 아버지의 원대로 되기를 원하나이다 하시니"(눅 22:42)

존중은 악을 선으로 갚습니다

사울은 기회만 있으면 다윗을 죽이려 했지만, 다윗은 사울을 죽이지 않았습니다. 오히려 사울을 살려 보냈습니다. 그가 하나님 앞으로 돌아오기를 바랐던 것입니다. 예수님 당시 유대인들은 예수님을 죽이기 위하여 거짓 증인을 세우고, 군중을 선동하고, 위법적인 방법을 동원하여 십자가에 못 박았습니다. 그러나 예수님은 오히려 하나님 아버지께 저들의 죄를 용서하여 달라고 기도하였습니다. 스데반도 자기를 죽이려고 돌을 던지는 무리를 위해 무릎 꿇고 기도하였습니다. 존중의 성품은 악을 악으로 갚지 않고, 악을 선으로 갚게 합니다.

"삼가 누가 누구에게든지 악으로 악을 갚지 말게 하고 서로 대하든지 모든 사람을 대하든지 항상 선을 따르라"(살전 5:15)

존중은 모든 판단을 하나님께 맡깁니다

하나님을 존중하는 다윗의 행동은 그의 생활 현장에서도 그대로 나타납니다. 다윗은 범사에 하나님의 주권을 인정하고 그분의 지도를 따랐으며 모든 판단은 하나님이 하심을 믿고 있었습니다. 하나님을 존중하면 모든 일에 있어서 하나님을 인정하고 의지하게 됩니다. 하나님은 범사에 자기를 인정하면 그 길을 지도하여 주신다고 약속하였습니다(잠 3:6). 존중함이 없는 사람은 주변에 자신을 인정하고 따라주는 사람이 없습니다. 상대방을 존중하면 할수록 내가 인정받는다는 것을 깨달아야 합니다.

하나님께 대한 존중은 하나님이 세우신 자들까지도 존중하게 합니다. 곧 부모를 존중합니다(출 20:12). 기름 부음을 받은 하나님의 사람을 존중합니다(삼상 9:6). 교회 지도자들을 존중합니다(살전 2:6). 늙은이를 대할 때는 아버지를 대하듯이 하고, 젊은이는 형제에게 하듯 합니다. 그리고 늙은 여자는 어머니에게 하듯 하고, 젊은 여자에게는 자매에게 하듯 합니다. 참 과부로 사는 자를 존대합니다. 잘 다스리는 장로들은 갑절로 존경합니다. 말씀과 가르침에 수고하는 자들을 더욱 존경합니다(딤전 5장).

하나님의 이름을 망령되이 부르지 않으며 하나님을 존중할 때, 다른 사람을 존중할 수 있습니다. 주님을 존중할 때, 성령께서 존중이 나의 성품이 되고 삶이 되도록 역사하십니다.

"모든 나라 가운데서 이르기를 여호와께서 다스리시니 세계가 굳게 서고 흔들리지 않으리라 그가 만민을 공평하게 심판하시리라 할지로다"(시 96:10)

주님의 말씀을 존중하면, 주님이 만나게 하는 모든 사람을 존중하게 됩니다.

하나님 나라의 고귀하고 거룩한 기준 '덕'

| **덕**은 하나님의 거룩한 기준에 부합된 삶의 능력입니다. |

덕은 그리스도인에게 있어서 꼭 있어야 할 자산입니다. 초대 교회 성도들은 자신의 믿음을 지키기 위하여 고향을 떠나고, 재산을 포기하고, 많은 불이익을 감수하며 살았습니다. 하나님은 이와 같은 성도들에게 반드시 갖춰야 할 8가지 신앙의 덕목을 가르쳐주셨습니다. "믿음에 덕을, 덕에 지식을, 지식에 절제를, 절제에 인내를, 인내에 경건을, 경건에 형제우애를, 형제 우애에 사랑을 더하라"(벧후 1:5-7)고 말씀하셨습니다. 덕은 초대 교회의 공동체를 더욱 견고하고 아름답게 가꾸어 가는 덕목 중 하나였습니다. 그래서 덕을 세우는 교회가 되라고 말씀하셨습니다(엡 4:29; 살전 5:11)

십계명 가운데 세 번째 '너는 내 하나님 여호와의 이름을 망령되이 일컫

소그룹 인도

사도신경 : 다 같이 | 찬송 : 540장(통 291) | 기도 : 회원 중 | 본문말씀 : 벧후 1:3-10
새길말씀 : 벧후 1:5 | 헌금 찬송 : 315장(통 512) | 헌금 기도 : 회원 중 | 주기도문 : 다 같이

지 말라'는 계명에는 하나님의 자녀들이 왕이신 하나님을 바라보면서 덕 있는 삶을 살아가라는 명령도 담겨 있습니다. 어떻게 해야 하나님과 다른 사람들을 존중하는 삶에 머물지 않고, 한 걸음 더 나아가 하나님 나라의 기준에 부합된 삶의 능력인 덕의 성품으로 살 수 있는지 살펴보겠습니다.

덕이란 고귀한 품격을 나타내는 하나님의 성품입니다

덕(아레테)의 의미는 '탁월함', '훌륭함', '미덕'이란 뜻입니다. 구약 성경은 하나님을 왕 중의 왕으로 표현합니다. 세상 그 어떤 왕들과 신들보다 뛰어난 분이 바로 하나님이십니다. 높으신 분이시기에 그에 맞는 고귀한 품격이 있습니다. 이것이 고품격을 나타내는 하나님의 덕입니다. 생각과 감정과 행동의 고품격의 모습, 뛰어난 도덕적 우수성, 고귀함을 뜻하는 말입니다.

믿음으로 하나님의 자녀가 되면, 왕의 자녀가 됩니다. 그에 걸맞은 품격을 갖추는 것이 바로 덕입니다. 하나님은 우리를 부르셔서 그의 영광과 덕을 누리게 해 주셨습니다(3절). 덕은 나에게 있는 것을 주는 것이 아니라 하나님께 있는 것을 나누는 것입니다. 거룩한 하나님의 높은 기준에 부합된 삶을 닮아갈 수 있도록 은혜를 구하면, 때마다 일마다 성령님은 우리를 이끄십니다.

"그러므로 우리가 화평의 일과 서로 덕을 세우는 일을 힘쓰나니"(롬 14:19)

신의 성품인 덕은 몸에서 배어나도록 배우고 훈련해야 합니다

성품의 생활화는 하루아침에 되는 것이 아니라 하나님의 뜻을 따라 순종할 때 이루어집니다. 덕의 성품도 마찬가지입니다. 고귀한 품위, 품격이 그냥 되는 것이 아닙니다. 빌립보서 4장 8절은 '무슨 덕이 있든지 무슨 기림이 있든지(무슨 찬양 받을 만하며), 무엇에든지 참되고 경건하며 옳으며 정결하며 사랑받을 만하며 칭찬받을 만한 것을 생각하라'고 합니다. 또한 '배운 것과 받은 것 그리고 듣고 본 것들을 실천하면, 평화의 하나님께서 여러분과 함께 하실 것'이라고 약속합니다(빌 4:9).

세상에는 지식을 갖춘 사람들이 많습니다. 그러나 아무리 지식이 많아도 덕이 없으면 교만해집니다. 하나님의 아름다운 덕이 그리스도인들을 통해 드러날 때 하나님의 이름이 높임 받습니다. 덕이 있는 주님의 자녀는 행동과 말을 함부로 하지 않습니다. 그 결과 사람에게 존경을 받고, 하나님께 칭찬을 받습니다. 하나님이 허락하신 지식을 선하게 사용할 뿐만 아니라, 갖고 있는 지식으로 다른 사람을 세우는 데 힘써야 합니다. 교회 안에는 각기 다른 지체들이 있습니다. 더 많이 알고 있다고 교만하거나 상대방을 무시하는 어리석음이 있지 않은지 점검해 봐야 합니다. 익은 벼가 고개를 숙이듯 덕 있는 자녀는 겸손함과 온유함으로 지체를 돌보며 세워갑니다. 이런 모습이 덕이 있는 성도의 모습입니다.

"끝으로 형제들아 무엇에든지 참되며 무엇에든지 경건하며 무엇에든지 옳으며 무엇에든지 정결하며 무엇에든지 사랑 받을 만하며 무엇에든지 칭찬 받을 만하며 무슨 덕이 있든지 무슨 기림이 있든지 이것들을 생각하라"
(빌 4:8)

하나님의 아름다운 덕을 선포해야 합니다

하나님의 고귀한 성품인 덕은 세상에 알려져야 합니다. 우리를 어두운 데서 불러내어 택한 족속, 왕 같은 제사장, 거룩한 나라, 소유된 백성이 되게 한 이유는 덕을 세상에 선포하게 하시기 위한 것입니다(벧전 2:9). 어두운 세상에 하나님의 거룩하고 고귀한 덕을 선포해야 합니다. 덕의 성품을 지닌 성도는 말이 아닌 삶으로 자기중심적이고 이기적인 태도를 버리고 형제와 이웃을 위해 헌신하며 봉사하는 생활을 하게 됩니다. 이처럼 멋있고 고귀한 하나님의 품격 있는 삶이 그리스도인들을 통해 세상에 드러날 때, 이기심으로 어두워졌던 곳이 따스한 빛과 생명으로 변화될 것입니다. 그때 하나님의 은혜와 역사가 나타나는 것을 보게 될 것입니다.

"너희는 택하신 족속이요 왕 같은 제사장들이요 거룩한 나라요 그의 소유가 된 백성이니 이는 너희를 어두운 데서 불러내어 그의 기이한 빛에 들어가게 하신 이의 아름다운 덕을 선포하게 하려 하심이라"(벧전 2:9)

왕이신 하나님의 고귀하고 거룩한 삶을 배우고 훈련하는
성도를 통해 하나님 나라가 이 땅에 임합니다.

이 땅을 천국의 삶으로 변화시키는 '덕'

| **덕**은 하나님의 거룩한 기준에 부합된 삶의 능력입니다. |

압살롬은 아버지 다윗 왕을 반역하고 쿠데타를 일으켰습니다. 이에 다윗 왕은 아들 압살롬에게 쫓겨 도피 생활을 시작하게 됩니다. 그가 감람산에 이르렀을 때, 사울의 손자 므비보셋의 종 시바는 각종 음식물을 싣고 와서 다윗을 영접했습니다. 이때 다윗은 시바에게 므비보셋의 안부를 물었는데 시바는 므비보셋이 다윗의 왕권을 노리고 있다며 거짓말을 했습니다. 시바는 다윗 왕을 위하는 척하면서 그를 속인 후 므비보셋의 전 재산을 빼앗으려는 모함이었습니다. 다윗 왕은 이를 알아채지 못하고 그에게 므비보셋의 모든 재산을 넘겨주었습니다. 설상가상으로 다윗 왕이 바후림에 이르렀을 때는 사울의 친척 시므이가 그를 향하여 돌을 던지며 저주하였습

소그룹 인도

사도신경 : 다 같이 | 찬송 : 455장(통 502) | 기도 : 회원 중 | 본문말씀 : 삼하 16:5-14
새길말씀 : 삼하 16:11 | 헌금 찬송 : 432장(통 462) | 헌금 기도 : 회원 중 | 주기도문 : 다 같이

니다. 다윗 왕은 맞서 대항하지 않고 여호와께서 자기의 원통함을 보시고 선으로 갚아주실 것이라고 고백하면서 다시 피난길을 재촉하여 떠났습니다.

　다윗 왕이 약할 때 압살롬은 반역을 일으켰으며, 시바는 다윗 왕을 속여 재물을 약탈하였고, 시므이는 다윗 왕을 저주하였습니다. 이와 같이 어려운 형편 속에서 다윗 왕은 오직 하나님의 일하심을 기다렸습니다. 세 번째 계명 중에 담겨 있는 하나님 나라의 고귀하고 거룩한 기준의 삶을 보여주고 있는 덕의 성품이 그리스도인들의 실제 생활에 어떻게 적용되는지 다윗 왕의 삶을 통해 살펴보겠습니다.

말로 상처를 주고 저주하지 않습니다

　시므이는 사울 왕에게 충성을 다하였던 자로서 다윗이 왕 위에 오르자 그를 '반역자'로 여겼습니다. 이제 다윗 왕이 압살롬에 쫓겨 도망하는 신세가 되자 이때 다윗 왕을 향해 돌을 던지고 저주하였습니다. 시므이는 명확한 근거도 없이 잘못된 선입견을 가지고 판단하고 어리석게 행동하였습니다. 시므이의 이런 행위는 역사를 이끄시는 하나님의 절대 주권을 부정하고 지파와 혈연에 근거한 이기주의적인 행동이었습니다. 다윗 왕에 대한 시므이의 저주는 하나님을 대적하는 것이었습니다. 후에 반란이 수습되고 다윗 왕이 개선하였을 때 시므이는 재빨리 다윗 왕에게 나와 용서를 빌고 위기를 모면하였습니다. 그러나 후일 솔로몬 왕의 왕명을 거역하여 처형을 당했습니다(왕상 2:36-36).

　시므이는 다윗 왕에게 '사울 족속의 모든 피를 여호와께서 네게로 돌리셨다', '여호와께서 이 나라를 압살롬의 손에 넘기셨다' 하면서 여호와의 이름까지 들먹이며 저주했습니다. 다윗 왕을 향해 사악한 자, 피를 흘린 자, 화를 자초한 자라고 합니다. 저주하는 말뿐 아니라 더럽고 추악한 말들과 상처 주는 말들은 고귀하고 거룩한 덕으로부터 나오는 것이 아닙니다.

"형제들아 서로 비방하지 말라 형제를 비방하는 자나 형제를 판단하는 자는 곧 율법을 비방하고 율법을 판단하는 것이라 네가 만일 율법을 판단하면 율법의 준행자가 아니요 재판관이로다"(약 4:11)

복수하지 않고 하나님의 뜻에 맡깁니다

아비새는 다윗 왕의 군장으로서 그를 호위하고 있었습니다. 아비새 장군은 시므이가 여호와의 이름을 들먹이며 다윗 왕에게 돌을 던지고, 저주하고 비난하는 것을 목격하였습니다. 그는 도무지 그냥 보고 넘길 수 없었으므로 다윗 왕에게 그의 목을 베게 해 달라고 간청하였습니다. 아비새는 시므이를 '죽은 개'에 비유하였습니다. '개'라는 표현도 보잘 것 없는 존재라는 의미를 담고 있는데, '죽은 개'라고 표현한 것은 더욱 강한 뜻으로써 '아무 쓸모도 없는 자'를 뜻하는 것입니다. 아비새는 쓸모도 없는 시므이가 자기 주인인 다윗 왕을 저주한다는 것에 대하여 도무지 참을 수 없었습니다.

세상에서 원수에게 복수하는 것은 당연하게 여겨집니다. 그러나 복수는 하나님께 맡겨야 합니다. 다윗 왕은 자신의 신하들에게 아들도 자신을 해하려 할 때 '사울 왕의 지파인 베냐민 사람들이 자신에게 복수하려고 하는 것도 당연하다'라고 합니다. 그리고 '하나님의 백성으로서 그들에게 복수하지 말고 그냥 내버려 두어라'고 합니다. 하나님 나라 백성들은 복수하는 삶이 아니라 하나님께 맡기는 삶을 살아야 합니다.

"입법자와 재판관은 오직 한 분이시니 능히 구원하기도 하시며 멸하기도 하시느니라 너는 누구이기에 이웃을 판단하느냐"(약 4:12)

왕이신 하나님께서 선으로 갚으실 것을 믿습니다

다윗 왕은 시므이의 저주까지도 겸손하게 받아들였습니다. 심한 모욕과 저주를 유순하게 받아들일 수 있는 덕이 그에게 있었습니다. 이는 다윗의 신앙이 높은 덕을 지니고 있음을 보여줍니다. 뛰어난 덕을 지닌 다윗 왕은 심한 모욕과 저주를 받은 상황에서도 하나님께서 자기의 원통함을 감찰하시고 선으로 갚아주실 것을 믿고 고백하며 가던 길을 묵묵히 걸어갔습니다. 또한 아비새의 살기 어린 감정까지도 절제시켰습니다. 덕은 이와 같이 모욕을 당하여도 하나님을 바라보며 인내합니다. 주변의 흥분한 사람들의 감정도 누그러뜨립니다.

덕의 성품은 자기의 이익을 따라 하나님의 이름을 남용하지 않고, 하나님의 영광을 위하여 자신을 희생합니다. 악으로 악을 갚지 않고, 선으로 악을 이깁니다. 아무리 화가 나는 일이 있어도, 자신을 대적하는 사람이 있어도 하나님의 사람으로서 함부로 행동하지 않았습니다. 세상으로부터 미움을 받고 욕을 먹을지라도 하늘의 상을 바라보고 인내합니다. 욕을 욕으로 갚지 않고 도리어 축복합니다. 하나님 나라의 덕은 그리스도인들을 승리하게 하고, 성숙한 삶으로 이끌어줍니다.

"악에게 지지 말고 선으로 악을 이기라"(롬 12:21)

하나님 나라의 거룩하고 고귀한 삶은 선으로 악을 이기는 삶입니다.

제 4계명

안식일을 거룩하게 지켜라!

십계명 중 제4계명인 안식일 계명은 하나님께서 인간을 위해서 주신 복된 계명입니다. 안식일 계명으로 인해서 우리는 1년 365일을 열심히 일만 하는 것이 아니라, 7일 중에서 6일 동안은 열심히 일하되 하루는 구별하여 하나님께 예배드리며 영적인 회복과 육체적인 쉼을 가질 수 있게 되었습니다.

그러나 세월이 지나면서 이스라엘 백성은 안식일의 계명을 주신 하나님의 의도를 충분히 이해하지 못하고 삶 속에서 악을 행하면서 안식일을 형식적으로 지키기도 했습니다(사 1:13). 또한 예수님 시대에는 유대인들이 안식일 계명을 문자적으로만 이해하여 아무 일도 해서는 안 되는 날로 생각하였고, 안식일에 예수님께서 병자를 고치셨을 때 예수님을 정죄하기도 하였습니다.

소그룹 인도

사도신경 : 다 같이 | 찬송 : 39장(통 39) | 기도 : 회원 중 | 본문말씀 : 출 20:8-11

새길말씀 : 출 20:8 | 헌금 찬송 : 149장(통 147) | 헌금 기도 : 회원 중 | 주기도문 : 다 같이

안식일 계명을 주신 하나님의 뜻을 간과한 이스라엘에게 예수님께서는 인자가 안식일의 주인임을 선포하시면서 안식일을 어떻게 지키는 것이 옳은지를 알려주십니다. 구약의 안식일 규정과 더불어 예수님의 안식일에 대한 올바른 가르침을 통해서 오늘날 그리스도인들이 안식일을 어떻게 준수해야 하는지를 살펴보겠습니다.

안식일은 하나님의 성일입니다.

구약에서 안식일에 대한 계명은 출애굽기 20:8-11과 신명기 5:12-15에 기록되어 있습니다. 두 본문에서 하나님께서는 안식일을 '여호와의 안식일'로 규정하셨습니다. 그리고 하나님께서 그 날을 거룩하게 하셨고 그 날을 기억하여 거룩하게 지키라고 명하셨습니다. 그러므로 하나님의 백성은 안식일을 하나님께 속한 날로 이해해야 합니다.

또한 안식일을 거룩하게 지키라고 명하셨는데, 성경에서 '거룩'은 구별됨의 의미를 가지고 있습니다. 즉 안식일을 거룩하게 지킨다는 의미는 6일 동안은 우리 자신과 가족들을 위해서 지내지만, 안식일은 하나님을 위해 그 날을 구별하여 감사와 찬양으로 예배를 드리라는 의미입니다. 그런데 하나님께서 안식일 계명을 주신 뜻을 오해한 이스라엘처럼, 오늘날 한국 교회나 성도들도 안식일의 의미를 잘못 이해하는 경우도 있습니다. 마치 주일예배만 드리면 나머지 시간은 자유롭게 사용해도 되는 공휴일처럼 안식일을 형식화하는 경우입니다.

그러나 하나님께서는 안식일에 네 발을 금하고, 네 오락을 구하지 말라고 이스라엘 백성을 책망하셨습니다(사 58:13-14). 이 말씀은 일, 복잡한 삶의 문제, 오락 등에 몰입된 일상적 삶과 구별하여 안식일을 지키되 우리를 구원하신 하나님을 예배하고 그분의 뜻을 찾으며 교제하는 거룩한 시간을 가지라는 뜻입니다. 이처럼 안식일을 하나님의 성일로 기억하고 하나님께 드려진 구별된 날로 참여할 때 우리에게 참된 영혼의 안식과 육신의 쉼이 주어집니다.

"안식일을 지켜 더럽히지 아니하며 그의 손을 금하여 모든 악을 행하지 아

니하여야 하나니 이와 같이 하는 사람, 이와 같이 굳게 잡는 사람은 복이 있느니라"(사 56:2)

안식일을 주신 목적은 쉼과 회복입니다.

안식일이 하나님의 성일이라고 해서 그 날에는 우리 자신을 위해서는 아무것도 하지 않고 오직 하나님께 예배드리는 일만을 해야 한다고 생각한다면, 그것은 우리를 사랑하시는 하나님의 성품을 충분히 이해하지 못한 결과에서 나온 오해입니다. 하나님은 사람의 한계를 충분히 알고 계시기 때문에 우리에게 쉼과 회복의 시간을 주시기 위해 안식일을 제정하셨습니다.

예수님도 사람이 안식일을 위해서 존재하는 것이 아니라 안식일이 사람을 위해 존재한다는 것을 명확하게 말씀하셨습니다. 그러므로 안식일에 '아무 일도 하지 말라' 는 말씀은 안식일에 어떠한 일이나 행동도 하지 말라는 뜻이 아닙니다. 하나님께 나아와 예배를 드림으로 육체적인 쉼과 더불어 영적인 회복과 채움을 얻으라는 뜻입니다.

바리새인들을 비롯한 유대인들은 안식일을 주신 본질적인 목적이 쉼과 회복이라는 것을 깨닫지 못했습니다. 그들은 안식일 계명을 문자적으로만 해석하고 형식화하여 안식일에는 아무 일도 해서는 안 된다고 생각했을 뿐 아니라, 심지어는 고통받는 사람들의 병을 고치시는 사역까지도 막았습니다. 그러나 예수님은 안식일에 병을 고치는 일을 포함하여 선을 행하는 것이 옳다고 말씀하십니다(마 12:12). 안식일은 쉼과 회복의 날이지, 아무 일도 해서는 안 되는 날이 아니기 때문입니다. 오히려 하나님의 영광을 위해서 선을 행해야 하는 날이 안식일입니다.

"또 이르시되 안식일이 사람을 위하여 있는 것이요 사람이 안식일을 위하여 있는 것이 아니니 "(막 2:27)

그리스도인은 주일을 지킵니다

안식일의 주인임을 선포하신 예수님은(마 12:8), 금요일에 십자가에 달리셨다가 일요일 새벽에 부활하셨습니다. 그래서 초대교회 성도들은 과도기적으로 안식일에도 회당에 모였으나, 또한 안식 후 첫날인 일요일에도 예수님의 죽음과 부활을 기념하기 위해 모였습니다(행 20:7). 시간이 흘러가면서 예수께서 부활하신 날을 '주의 날'이라 생각하며 주일에 모여 예배드리는 것이 점점 더 많아지기 시작했는데 그것이 오늘날 주일의 효시가 되었습니다(계 1:10). 그러므로 그리스도인들은 안식일을 안 지키는 것이 아니라, 안식일의 개념과 그리스도의 부활을 기념하는 것을 포함하는 주일을 지킵니다.

그리스도인들은 주일을 지킴에 있어 바리새인들처럼 형식적으로 문자적인 어구에 매여 지키기 보다는 안식일을 제정하신 하나님의 의도에 맞게 육체적인 쉼과 영적인 회복에 힘써야 합니다. 또한 우리의 구원을 완성하시기 위해 사망 권세를 깨뜨리시고 부활하신 주님을 기쁨으로 찬양하며 예배드리기에 힘써야 합니다. 나아가 하나님의 영광을 위해 선을 행하며 부활의 복음을 전파하는 일에 동참해야 할 것입니다.

"안식일을 기억하여 거룩하게 지키라"는 제4계명은 주님이 재림하실 때까지 우리 그리스도인들이 영원히 지켜야 할 계명입니다. 경쟁 시대인 현대의 삶 가운데에서 우리가 안식일의 계명을 지키기 위해서 주일에 일을 하지 않을지라도 신실하신 하나님께서 우리의 삶에 필요를 채워주실 것이라는 믿음과 구원의 기쁨으로 안식일을 기뻐하고 즐거워하는 것이 필요합니다.

"이 날 곧 안식 후 첫날 저녁 때에 제자들이 유대인들을 두려워하여 모인 곳의 문들을 닫았더니 예수께서 오사 가운데 서서 이르시되 너희에게 평강이 있을지어다"(요 20:19)

안식일은 복된 날로 기쁨과 즐거움을 맞아야 합니다.

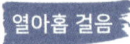

하나님을 신뢰함이 안식의 지름길

| **신뢰**는 어떤 대가를 치르더라도 하나님의 뜻을 행하겠다고 마음에 작정합니다. |

하나님을 믿는 그리스도인들 중에는 바쁜 삶 가운데 주일을 구별하여 지키지 못하는 경우가 있습니다. 종종 더 많은 돈을 벌려는 욕심으로 타협을 하거나, 일주일의 하루만큼은 자신의 여가생활을 위해서 타협합니다. 또한 치열한 생존경쟁 속에서 살아남기 위해서는 주일까지 일을 해야만 한다는 압박감 속에서 주일을 지키지 못하고 있습니다. 각자 다른 형편과 상황이 있기에 안타까운 마음이 들기도 하나, 한편으로는 하나님의 말씀과 우리의 필요를 공급해주시는 하나님을 온전히 신뢰하지 못하고 있음을 볼 수 있습니다. '안식일을 거룩하게 지키라'는 계명을 하나님의 뜻에 맞게 잘 지키기 위해서는 신뢰의 성품이 반드시 있어야 합니다.

소그룹 인도

사도신경 : 다 같이 | 찬송 : 200장(통 235) | 기도 : 회원 중 | 본문말씀 : 출 16:1-30
새길말씀 : 출 16:5 | 헌금 찬송 : 433장(통 490) | 헌금 기도 : 회원 중 | 주기도문 : 다 같이

신뢰는 신뢰할 만한 대상을 믿고 의지하는 것입니다

신뢰란 어떤 대가를 치르더라도 하나님의 뜻을 행하겠다고 마음에 작정하는 것입니다. 신약성경에서 '경청하다', '순종하다' 의 의미로도 사용되었습니다. 즉 신뢰는 말만 해서 이루지는 것이 아니라 어떤 희생이 따른다 할지라도 하나님의 뜻을 행하겠다는 마음을 갖고 있을 때, 다른 사람들에게 참다운 신뢰의 모습을 보여 줄 수 있습니다. 이런 신뢰는 하나님과의 관계에서 하나님의 백성이 가져야 할 덕목이며, 또한 사람들과의 관계에서도 지속적으로 좋은 관계를 유지하기 위한 덕목입니다. 그러나 신뢰는 신뢰하지 못할 대상을 조건 없이 그냥 믿어주는 것을 의미하지는 않습니다. 거짓말을 밥 먹듯이 하고 수시로 변덕을 부리는 사람을 믿는 것은 맹신이거나 속임을 당하는 것이지 신뢰하는 것이 아닙니다. 신뢰는 그 대상이 신뢰할 만한 분임을 확신하고 그 대상을 어떤 희생을 치르더라도 믿고 의지할 때 참으로 신뢰했다고 말할 수 있습니다.

"너는 마음을 다하여 여호와를 신뢰하고 네 명철을 의지하지 말라. 너는 범사에 그를 인정하라 그리하면 네 길을 지도하시리라"(잠 3:5-6)

영원한 신뢰의 대상은 바로 하나님과 그분의 말씀입니다

사람은 아무리 믿을 만하더라도 온전히 신뢰할 수는 없습니다. 왜냐하면, 사람은 불완전한 존재이기에 약속한 것을 잊어버리기도 하고, 마음은 있어도 상황이 안되거나 능력에 제한이 있어 기대를 저버릴 수 있기 때문입니다. 그러나 하나님은 인격적으로도, 능력으로도 신뢰를 받기에 전혀 부족함이 없습니다. 그러므로 주변 상황에 따라 일희일비하지 않고, 하나님의 말씀과 능력을 믿고 신뢰하며 나아갈 수 있습니다.

모세는 애굽 왕 바로의 완악함에도 불구하고, 끝까지 하나님의 말씀과 능력을 신뢰하였습니다. 결국 10가지 재앙과 홍해의 기적을 통해서 이스라엘 백성을 출애굽 시켜 시내 산까지 인도하였습니다. 여호수아도 하나님의 말씀과 능력을 신뢰하므로 여리고 성 함락을 시작으로 가나안 정복을 완수하였습니다.

이런 신뢰의 성품은 현대 그리스도인에게도 꼭 필요한 성품입니다. 급변하는 상황이나 사람들의 의견을 하나님의 말씀이나 능력보다 더 신뢰한다면 참 신앙인의 모습으로 살 수 없을 것입니다. 그리스도인은 여러 다양한 상황 속에서도 무엇보다 하나님의 말씀과 능력을 신뢰하는 성품을 가져야 합니다.

"여호와께서 모세에게 이르시되 이제 내가 바로에게 하는 일을 네가 보리라 강한 손으로 말미암아 바로가 그들을 보내리라 강한 손으로 말미암아 바로가 그들을 그의 땅에서 쫓아내리라"(출 6:1)

하나님의 말씀과 공급하심을 믿을 때 안식할 수 있습니다

이스라엘 백성은 애굽에서 행하신 하나님의 놀라운 능력으로 노예 상태에서 해방되어 가나안 땅으로 가는 믿음의 여정에 올랐습니다. 그런데 그들은 얼마 안 되어 애굽에서의 삶을 뒤돌아보며, 가나안으로 가는 여정에서 떡과 고기를 먹지 못한다고 모세와 아론에게 원망하며 불평했습니다(출 16:2-3). 이런 불평은 사람에 대한 불평과 원망이 아니라 하나님의 인도와 공급하심에 대한 불신에서 비롯된 불평과 원망이었습니다. 그때 하나님께서 모세에게 하늘에서 양식을 비같이 내릴 것을 약속하시고, 백성들이 나가서 매일 만나를 일용할 양식만큼 거두게 될 것이라고 말씀하셨습니다. 단, 여섯째 날에는 갑절을 거두게 될 것이고, 일곱째 날은 안식일인즉 거두지 못하게 될 것이라고 말씀하셨습니다.

이때는 아직 모세가 시내 산에서 십계명을 받기 전이기에, 하나님께서 안식일에 대한 공식적인 율례를 주신 것이라 할 수 없지만, 이미 하나님께서는 안식에 대한 계명을 작정하시고, 계명을 주시기 전에 이스라엘 백성으로 일곱째 날에 안식할 수 있도록 하나님에 대한 신뢰를 훈련하고 계셨습니다.

그 후 하나님은 안식일을 기억하여 거룩히 지킬 것을 십계명의 하나로 주셨습니다. 오늘날 그리스도인들은 이날을 주일로 구별하여 하나님께 예배드립니다. 하나님을 신뢰함으로 주일을 감사와 찬양으로 예배하며 영육간의 쉼과 회복을 구할 때, 하나님께서 우리의 일용한 양식을 반드시 공급해 주실 것입니다.

"나의 하나님이 그리스도 예수 안에서 영광 가운데 그 풍성한 대로 너희 모든 쓸 것을 채우시리라"(빌 4:19)

하나님을 신뢰할 때 참된 안식을 누릴 수 있습니다.

예기치 않은 상황에서도 하나님을 신뢰한 '히스기야'

| **신뢰**는 어떤 대가를 치르더라도 하나님의 뜻을 행하겠다고 마음에 작정합니다. |

예상치 못한 일과 상황에서도 하나님의 선하심을 온전히 신뢰하며 살아갈 때, 그 신뢰함이 우리의 삶에 배어서 성품으로 자리 잡히게 됩니다. 또한 우리가 하나님을 신뢰하는 성품으로 매일의 삶을 살아갈 때, 안식일을 정하신 하나님의 선하심도 신뢰할 수 있습니다. 이러한 그리스도인은 6일 동안은 생업을 위해 열심히 일하지만, 주일은 평안함과 기쁨으로 하나님께 예배드릴 수 있습니다. 주일을 주님의 날로 인정하고 하나님께 거룩한 산 제사로 드리기 위해서는 어떤 상황에서도 하나님의 선하심을 믿는 신뢰가 필요합니다. 예기치 않은 상황에서도 하나님을 신뢰했던 히스기야를 통해서 신뢰의 성품을 살펴보고자 합니다.

소그룹 인도

사도신경 : 다 같이 | 찬송 : 544장(통 343) | 기도 : 회원 중 | 본문말씀 : 사 38:1-8
새길말씀 : 사 38:5 | 헌금 찬송 : 516장(통 265) | 헌금 기도 : 회원 중 | 주기도문 : 다 같이

하나님을 신뢰하는 자는 쉽게 절망하지 않습니다

히스기야는 병들어 죽게 되었을 때, 이사야 선지가 그에게 나아와 더 이상 살 수 없을 것이므로 유언하라고 했습니다(1절). 히스기야는 이사야의 말에 낙담하거나 절망하지 않습니다. 때때로 이와 같은 예기치 못한 어려움이 그리스도인들에게 닥칠 수 있습니다. 그러나 하나님을 신뢰하는 사람은 그런 험난한 일을 당하여도 쉽게 절망하지 않습니다. 왜냐하면 하나님을 사랑하는 자들에게는 모든 것을 합하여 선을 이루시는 분이심을 믿기 때문입니다.

그리스도인들은 여러 가지 시험을 당할 때 근심할 수는 있으나 오히려 온전히 기뻐해야 합니다. 왜냐하면 믿음의 시련이 인내를 만들어 내고, 인내가 믿음의 성숙을 가져오기 때문입니다(약 1:2-4). 아브라함도 하나님께서 그의 믿음을 시험하여 독자 이삭을 제물로 드리라고 했을 때 그 말씀에 분노하거나 절망하지 않고 순종하려고 했습니다. 왜냐하면 그는 하나님께서는 능히 이삭을 죽은 자 가운데서 다시 살리실 수 있는 능력을 가진 분으로 신뢰했기 때문입니다(히 11:19).

"우리가 알거니와 하나님을 사랑하는 자 곧 그의 뜻대로 부르심을 입은 자들에게는 모든 것이 합력하여 선을 이루느니라"(롬 8:28)

하나님을 신뢰하는 자는 어려운 일을 당했을 때 기도합니다

히스기야는 참으로 하나님을 신뢰하는 사람이었습니다. 앗수르 왕의 신하 랍사게가 대군을 거느리고 와서 예루살렘을 둘러싸고 위협할 때, 자기의 옷을 찢고 굵은 베옷을 입고 하나님의 전에 가서 기도하였습니다. 또한 사람을 보내어 이사야 선지자에게 기도를 요청하였습니다(사 37:1-4). 분명 히스기야는 이런 위기를 넘기기 위해 이웃 나라에 원조를 요청하거나 앗수르 왕에게 사신을 보내는 등 여러 다른 시도들을 할 수 있었지만, 오직 기도 가운데 하나님만 의지하였습니다.

또한 히스기야는 자신의 몸이 병들어 죽어가고 있음을 알게 되었을 때 어떤 약이나 의사를 의존하지 않습니다. 하나님만이 자기를 회복시켜 주실 수 있는 분임을 믿고 얼굴을 벽으로 향하고 통곡하며 전적으로 하나님께 매달려 기도했습니다. 또한 그는 하나님께 기도하면서 하나님 앞에 자신이 행한 선행을 기억하여 줄 것을 요청합니다. 그것은 히스기야의 마음 가운데 하나님께서 자신의 삶을 계속해서 지켜보셨으며 하나님의 뜻대로 이스라엘을 다스렸던 자신의 공로를 잊지 않으실 것이라는 하나님 향한 신뢰의 마음을 가지고 있음을 입증합니다. 하나님은 히스기야처럼 자신에게 나아와 진실하게 간구하는 자의 기도를 외면치 않으십니다.

"여호와께서는 자기에게 간구하는 모든 자 곧 진실하게 간구하는 모든 자에게 가까이 하시는도다"(시 145:18)

하나님을 신뢰하는 자는 반드시 놀라운 하나님의 은혜를 체험합니다

하나님께서는 자신을 온전히 신뢰함으로 기도하는 히스기야의 기도를 들으시고 놀라운 은혜를 베푸셨습니다. 히스기야의 생명을 15년 더 연장해주셨습니다. 당시 의술이 발달하지 못한 시대에 15년 생명이 더 연장되었다는 것은 전적인 하나님의 기적과 은혜의 역사입니다. 그것뿐이 아닙니다. 당시 남 왕국 유다는 앗수르 왕 산헤립의 침략으로 고통을 받고 있었는데, 하나님께서 앗수르 왕의 손에서 그들을 구원해 주실 것을 약속해주셨습니다. 그리고 기도 응답의 확증으로 아하스의 해시계에 나아갔던 그림자를 뒤로 십도 물러가는 징조를 보여주셨습니다. 이것은 하나님께서 천지 만물을 다스리고 계시는 전능하신 하나님이심을 보여주는 놀라운 기적입니다.

주님의 날을 기억하여 지키는 것에는 하나님의 선하심과 능력에 대한 신뢰가 필요합니다. 때로는 주일을 신실하게 지키다가 뜻하지 않은 어려움을 당할 수도 있습니다. 그때에도 낙심하거나 실망치 않고 한결같이 하나님을 신뢰함으로 주일을 구별하여 지켜갈 때, 하나님께서 히스기야에게 놀라운 은혜를 베푸셨듯이, 자신을 신뢰함으로 따라가는 그리스도인들을 외면하지 않으시고 기적적인 방법을 동원해서라도 큰 은혜를 베풀어주실 것입니다.

"너는 내게 부르짖으라 내가 네게 응답하겠고 네가 알지 못하는 크고 은밀한 일을 네게 보이리라"(렘 33:3)

하나님에 대한 신뢰는 절망을 이기고 기도로 나아갑니다.

주일(안식일)을 맞는 최상의 마음, 기쁨

| **기쁨**은 주님과 온전히 교제하여 심령이 밝아지고 얼굴에 빛이 납니다. |

주변을 돌아보면 조금만 힘들고 어려워도 불평하고 짜증내며 살아가는 사람이 있습니다. 이런 사람과 조금만 같이 지내면 어느새 짜증스러운 감정이 전염되는 것 같은 느낌을 느끼게 됩니다. 반면에 옆에서 지켜보는 사람들이 안쓰러워할 정도로 힘들고 어려운 상황인데도 기쁨과 감사함으로 신앙생활을 열심히 하는 사람들도 있습니다. 그런 사람들을 만나면 오히려 우리의 마음이 힘을 얻고 위로와 격려를 받게 됩니다. 이렇게 기쁨의 성품을 가진 분들은 여러 다양한 상황 가운데에서 본인 자신이 기쁘고 행복하게 살 뿐 아니라 주변 사람들에게도 행복을 끼치며 살게 됩니다. 당신은 짜증내는 사람과 만남을 갖길 원하십니까? 아니면 기쁨으로 살아가는 사람

소그룹 인도

사도신경 : 다 같이 | 찬송 : 64장(통 13) | 기도 : 회원 중 | 본문말씀 : 사 58:13-14
새길말씀 : 사 58:13 | 헌금 찬송 : 19장(통 44) | 헌금 기도 : 회원 중 | 주기도문 : 다 같이

과 만남을 갖길 원하십니까? 그렇다면 하나님께서는 그리스도인이 어떤 모습으로 나아와 예배드리시길 원하실까요? 안식일의 계명을 하나님이 의도하신 대로 잘 지키는 데 필요한 것이 바로 기쁨입니다. 주일(안식일)과 관련하여 기쁨의 성품에 대해 알아보겠습니다.

참된 기쁨은 하나님과의 관계를 회복함으로 얻습니다

'기쁨'이란 주님과 온전히 교제하여 심령이 밝아지고 얼굴에 빛이 나는 것입니다. 이런 기쁨은 하나님만이 주실 수 있는 영원한 기쁨입니다. 예수그리스도를 영접하고 믿을 때 주님과 온전한 교제가 이루어집니다. 이때 주님이 주시는 기쁨으로 마음이 평안해지고 얼굴이 밝아지는 것입니다. 이 기쁨의 원천은 삼위일체 하나님이십니다. 따라서 기쁨은 늘 하나님 안에 내재 되어 있습니다. 하나님께서는 창조하신 만물을 보시며 기뻐하셨으며, 인간을 창조하시고는 심히 기뻐하셨습니다(창 1:31). 스바냐 선지자는 하나님께서 우리로 말미암아 기쁨을 이기지 못하실 정도로 기뻐하신다고 말씀하셨습니다(습 3:17). 그러므로 사람은 기쁨의 원천 되시는 하나님과 영적인 교제를 통하여 하나님이 주시는 영원한 기쁨을 누릴 수 있습니다.

예수님은 자신 안에 있는 기쁨을 다시 우리에게 주셔서 우리로 기쁨이 넘치는 삶을 살기를 원하셨습니다. 그래서 예수님은 십자가 위에서 우리의 죄짐을 지고 죽으심으로 우리와 하나님과의 관계를 회복해 주셔서, 다시 영원한 기쁨을 누릴 수 있도록 길을 여셨습니다. 우리는 믿음으로 예수님을 주와 구세주로 영접하게 될 때 구원의 기쁨과 더불어 배에서 생수의 강이 흘러넘치는 기쁨을 경험하게 됩니다. 즉 하나님과 친밀한 관계를 유지하는 한 계속 주님이 주시는 기쁨을 누리게 되며, 환난과 고통스러운 환경이 혹 우리를 힘들게 하고 슬프게 할지라도 여전히 우리는 그 기쁨을 빼앗기지 않을 수 있습니다.

"내가 이것을 너희에게 이름은 내 기쁨이 너희 안에 있어 너희 기쁨을 충만하게 하려 함이라" (요 15:11)

주일(안식일)은 기쁨과 즐거움의 날입니다

종종 주일에 의무감이나 억지로 교회에 나와 예배에 참석했다가 예배 시간이 끝나자마자 급히 자리를 뜨시는 분들이 있습니다. 그분들에게는 예배드리는 시간이 헛되고 아까운 시간으로 여겨지는 것 같습니다. 그러나 하나님은 이사야 선지자를 통해서 안식일이 즐거운 날이고 존귀한 날이라고 말씀하셨습니다(사 58:13). 즉 하나님은 우리가 주일(안식일)을 기쁘고 즐거운 날로 받아들이길 기대하십니다. 이런 하나님의 기대에 맞게 주일을 지키는 사람들이 있습니다. 바로 예수 그리스도를 믿음으로 구원의 기쁨을 경험하고 모든 상황 가운데 기쁨의 성품으로 살아가는 분들입니다. 그리스도인들은 날마다 기쁨 가운데 살아가기에 일상생활이 기쁨과 즐거움의 날이겠지만, 특별히 주일은 기쁨의 날입니다. 왜냐하면, 사랑이 많으신 하나님을 만나고 예배드림으로 그분의 은혜로 채움을 받는 시간이기 때문입니다. 그러므로 하나님의 백성은 주일을 지킬 때, 바리새인들이 억지로 또한 형식적으로 안식일을 지키듯이 지키는 것이 아니라, 즐거움과 기쁨의 날로 지켜야 합니다.

"너희가 내 앞에 보이러 오니 이것을 누가 너희에게 요구하였느냐 내 마당만 밟을 뿐이니라. 헛된 제물을 다시 가져오지 말라 분향은 내가 가증히 여기는 바요 월삭과 안식일과 대회로 모이는 것도 그러하니 성회와 아울러 악을 행하는 것을 내가 견디지 못하겠노라" (사 1:12-13)

하나님을 기뻐하고 즐거워하는 것이 최상의 예배입니다

'안식일을 거룩하게 지키라' 는 말을 오해하여 걸음도 천천히 그리고 근엄한 표정으로 예배를 드리시는 분들이 있습니다. 그러나 하나님은 우리가 그분 앞에서 기뻐하고 즐거워하기를 원하십니다. "사람이 내게 말하기를 여호와의 집에 올라가자 할 때에 내가 기뻐하였도다"(시 122:1). "의인은 기뻐하여 하나님 앞에서 뛰놀며 기뻐하고 즐거워할지어다"(시 68:3). 바로 우리가 어린아이처럼 하나님 앞에서 기뻐하고 즐거워하는 것을 하나님께서 기뻐하십니다. 어린 자녀가 부모를 만나러 왔는데 억지로 와서 얼굴에 싫은 모습이 역력하다면, 그 모습을 보는 부모의 마음이 얼마나 슬프겠습니까?

보통 사람들은 사랑하는 사람을 만나러 갈 때 짜증스럽거나 싫은 마음이 아니라 기쁘고 즐거운 마음을 가지고 갑니다. 마찬가지로 우리를 최고로 사랑하시는 하나님은 우리를 기뻐하는 마음으로 만나길 기대하시며, 또한 우리에게도 그런 기쁘고 즐거운 마음을 가지고 나아오길 원하십니다. 특별히 주일은 우리의 구원자이신 예수님이 사망 권세를 깨뜨리시고 부활하셔서 구원을 완성하신 날입니다. 이렇게 기쁘고 복된 날에 하나님 앞에서 그분을 기뻐하며 즐거워하는 것이 하나님을 예배하는 최상의 방법입니다.

"이 날은 우리 주의 성일이니 근심하지 말라 여호와로 인하여 기뻐하는 것이 너희의 힘이니라"(느 8:10)

구원의 기쁨은 주일을 기대하게 만듭니다.

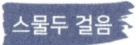

항상 기쁨을 훈련하는 바울

| **기쁨**은 주님과 온전히 교제하여 심령이 밝아지고 얼굴에 빛이 납니다. |

예 수 그리스도의 십자가의 복음을 깨닫고 회개와 감사의 마음으로 예수 그리스도를 영접하여 구원받은 사람들은 말로 표현할 수 없는 기쁨을 경험합니다. 이 기쁨은 세상이 줄 수 없는 참된 기쁨입니다. 그런데 그 구원의 기쁨이 완전히 사라진 것은 아니지만, 세파에 점점 씻겨나가듯 약해지고 근심과 걱정과 낙심으로 살아가는 그리스도인들도 있습니다. 반면에 놀랍게도 시간이 지날수록 다양한 상황 속에서 더욱 기뻐하고 감사하는 삶을 사는 그리스도인들이 있습니다. 어떻게 그럴 수 있을까요?

사도바울이 바로 그 대표적인 사람입니다. 여러 다양한 상황에서 기뻐하는 바울의 모습을 통해 어떻게 기쁨을 누려야 되는지 살펴보겠습니다.

소그룹 인도

사도신경 : 다 같이 | 찬송 : 191장(통 427) | 기도 : 회원 중 | 본문말씀 : 빌 1:12-18
새길말씀 : 빌 1:18 | 헌금 찬송 : 565장(통 300) | 헌금 기도 : 회원 중 | 주기도문 : 다 같이

동역자들로 인해 기뻐합니다

기쁨의 원인이나 대상은 여러 가지입니다. 맛있는 음식을 먹거나, 가지고 싶은 물건을 선물 받거나 사게 되었을 때 기뻐할 수 있습니다. 하지만 그런 기쁨은 쉽게 왔다가 쉽게 사라집니다. 그런데 함께 수고하고 사랑을 나누었던 믿음의 동역자는, 우리가 오랫동안 기뻐할 수 있는 이유가 될 수 있습니다.

빌립보 교회는 바울이 2차 전도여행 중에 환상을 보고 마게도냐로 건너가 처음 개척한 유럽의 첫 교회입니다. 루디아를 비롯한 여러 여성을 만나는 계기로 빌립보 교회가 시작되었고(행 16:14), 그 이후 물심양면으로 바울의 복음 사역에 함께한 복음의 일꾼들입니다(빌 1:5). 바울은 그들을 생각할 때마다 감사하며, 그들을 위해 기쁨으로 기도하고 있습니다. 빌립보 교회 성도뿐이 아닙니다. 그는 동역자들이 함께 사역에 동참해주고, 멀리서 자신을 방문해주고, 부족한 것들을 채워줄 때마다 그들로 인해 기뻐하였습니다(고전 16:17; 고후 7:13). 심지어 사랑하는 동역자들을 위해 자신의 목숨까지도 주기를 기뻐하겠다고 담대히 고백합니다(살전 2:8).

"우리가 우리 하나님 앞에서 너희로 말미암아 모든 기쁨으로 기뻐하니 너희를 위하여 능히 어떠한 감사로 하나님께 보답할까"(살전 3:9)

그리스도가 전파되는 것만으로도 기뻐합니다

예수님에 대한 바울의 사랑은 지극히 큽니다. 그것은 자신이 복음을 잘 알지 못했을 때 주의 성도들을 핍박했던 죄인 중의 괴수임에도 먼저 자신에게 다가오셔서 구원의 은혜를 주신 주님의 은혜가 너무 놀라워서 그렇습니다. 바울은 거기에 멈추지 않고 수없이 많은 고생을 하며 여러 번의 죽을 위기를 넘기며 그리스도의 복음을 전파하기에 힘씁니다. 그는 자신이 복음의 일꾼이 된 것을 기뻐하며 자랑스럽게 여깁니다(골 1:23).

그런데 바울의 주변에는 바울을 시기하고 바울에게 어려움과 고통을 주려 하는 사람들도 있었습니다. 그들은 바울이 로마 감옥에 갇혀 있는 동안 바울에게 괴로움을 더하려는 다툼의 마음으로 그리스도를 전파했습니다(빌 1:17). 바울은 그런 모습을 보며 씁쓸해하기보다, 어찌하든지 그리스도가 전파되는 그 한 가지 사실로 인해서 기뻐하고 기뻐하였습니다(빌 1:18). 그 정도로 바울은 자신이 편하게 잘 지내는 것보다 그리스도가 전파되는 것이 더 중요했습니다.

요즘 예수님을 전하다가 고난 받고 그것으로 인해 기뻐하는 사람이 얼마나 될까요? 그리스도인의 삶에서도 물질적인 이익이나 즐거움 때문이 아니라, 그리스도가 전파되는 것으로 기뻐하는 모습이 더 넘쳐야 할 것입니다.

"나의 간절한 기대와 소망을 따라 아무 일에든지 부끄러워하지 아니하고 지금도 전과 같이 온전히 담대하여 살든지 죽든지 내 몸에서 그리스도가 존귀하게 되게 하려 하나니" (빌 1:20)

환난 중에서도 기뻐합니다

기쁘고 즐거운 일을 당했을 때 기뻐하는 것은 어렵지 않지만, 어려운 일을 당하거나 억울한 일을 당했을 때 기뻐하기는 쉽지 않습니다. 그러나 그런 상황에서도 기뻐하는 것이 참 기쁨의 성품을 소유한 사람의 모습입니다. 바울은 빌립보에서 복음을 전파하다가 귀신들린 여종에게서 귀신을 쫓아 내준 선한 일로 인해 억울하게 매를 맞고 감옥에 갇혔었습니다. 몸도 힘들고 마음도 힘든 그때 바울은 옥중에서 원망하고 낙심하기보다는 하나님께 기도하고 찬송하였습니다(행 16:25). 힘든 상황에 기쁨을 빼앗기기보다 더 기뻐하며 하나님께 영광을 돌리는 바울의 모습을 발견할 수 있습니다.

빌립보서는 바울이 로마 감옥에 갇혀있을 때 기록했습니다(빌 1:12). 바울은 그런 사실을 전혀 부끄러워하지 않습니다. 오히려 옥중에서도 바울은 빌립보 성도들의 믿음과 섬김의 소식을 듣고 기뻐하며, 또 그들에게 자신과 함께 기뻐하라고 권면합니다(빌 2:18). 기쁨에 대한 권면은 거기에서 멈추지 않습니다. 그는 "주 안에서 항상 기뻐하라. 내가 다시 말하노니 기뻐하라"(빌 4:4)고 권면합니다. 바울은 환난 중에서도 기뻐하는 모습을 보여주고, 항상 주안에서 기뻐하라고 권면합니다.

그리스도인은 기쁘고 즐거운 일이 있을 때만 기뻐하는 사람이 아닙니다. 환난이 와도, 어려운 일이 닥쳐도, 주 안에서 항상 기뻐하는 사람들입니다. 이런 기쁨의 성품이 우리 안에 넘치게 될 때, 안식일 계명도 억지로 지키는 것이 아니라, 항상 기쁨과 즐거움으로 주일에 하나님께 나아와 예배드리는 사람이 될 것입니다.

"그러므로 내가 그리스도를 위하여 약한 것들과 능욕과 궁핍과 박해와 곤고를 기뻐하노니 이는 내가 약한 그 때에 강함이라"(고후 12:10)

항상 기뻐하는 것으로, 주일 성수는 온전해집니다.

제 5계명
네 부모를 공경하라!

십계명은 하나님을 대상으로 행해야 할 계명과(1-4계명) 인간을 대상으로 지켜야 할 계명(5-10계명)으로 나눌 수 있습니다. "네 부모를 공경하라"는 제5계명은 하나님의 백성들이 사랑하며 섬겨야 할 대상이 하나님에게서 사람으로 전환되는 첫 번째 계명입니다. 부모가 사람 중 섬겨야 할 대상의 첫 번째 대상인 것과 계명 준수의 결과로서 주어지는 "네게 준 땅에서 생명이 길리라"는 말씀에는 두 가지 깊은 뜻이 담겨있습니다. 하나는 본문 그대로 부모 공경의 계명을 지킨 결과로 주어지는 이 세상에서의 장수이고, 또 다른 하나는 이 세상이 아닌 하나님의 나라에서도 영생하려면, 부모를 섬기듯 하나님을 섬겨야 한다는 메시지가 내포되어 있습니다.

소그룹 인도

사도신경 : 다 같이 | 찬송 : 577장 | 기도 : 회원 중 | 본문말씀 : 출 20:12

새길말씀 : 엡 6:1-3 | 헌금 찬송 : 579장(통 304) | 헌금 기도 : 회원 중 | 주기도문 : 다 같이

바울은 제5계명에 대하여 '이것은 약속이 있는 첫 계명'이라고 에베소 교회에 편지하면서 부모에게 순종할 것을 가르쳤고(엡 6:1-2), 디모데에게는 "만일 어떤 과부에게 자녀나 손자들이 있거든 먼저 자기 집에서 효를 행하여 부모에게 보답하기를 배우게 하라"(딤전 5:4)고 편지하기도 합니다. 이처럼 부모 공경과 순종을 통하여 하나님을 섬기고 하나님께 순종하는 삶을 살도록 하는 것이 제5계명을 주신 하나님의 뜻입니다. 제5계명은 사람을 대상으로 하는 계명 중 첫 번째 계명으로 계명의 기본이 되고 깊은 의미도 담고 있습니다. 사람을 잘 섬기라고 주신 첫 계명에 어떤 의미가 있는지 살펴보도록 하겠습니다.

이웃 사랑의 기초입니다

하나님께서 제5계명을 사람에게 행할 계명 중에 가장 앞에 두신 것은 이웃 사랑의 기초가 되기 때문입니다. "네 이웃을 네 몸과 같이 사랑하라"는 말씀에서 '이웃'의 범주를 생각할 때 가족을 제외한 주변에 있는 사람을 먼저 생각하기 쉽지만, 부모는 우리가 세상에서 최초로 만나는 분이고 가장 가까운 이웃입니다. 그러므로 부모 공경은 이웃 사랑의 기초이며 기본입니다. 사도 바울은 로마서 13장 9절에 간음, 살인, 도둑질, 탐심을 비유로 이웃 사랑을 설명한 후 "그 외에 다른 계명이 있을지라도 네 이웃을 네 몸과 같이 사랑하라 하신 그 말씀 가운데 다 들어있느니라"고 하며 '사랑'을 강조했습니다. 가장 가까운 이웃인 부모님을 사랑하고 공경하지 못하면서 하나님께나 다른 사람들을 진정으로 사랑하고 공경할 수 없습니다. 부모에 대한 사랑과 공경은 이웃 사랑과 연계되고 나아가 예수께서 가르쳐주신 새 계명으로 연결됩니다.

"새 계명을 너희에게 주노니 서로 사랑하라 내가 너희를 사랑한 것같이 너희도 서로 사랑하라"(요 13:34)

하나님의 명령입니다

하나님께서는 부모 공경에 대해 성경 곳곳을 통하여 명령하고 계십니다. 본문 출애굽기 20장 12절 이외에도 "너희 각 사람은 부모를 경외하고 나의 안식일을 지키라 나는 너희의 하나님 여호와이니라"(레 19:3), "너는 네 하나님 여호와께서 명령한 대로 네 부모를 공경하라"(신 5:16) 등 성경 곳곳을 통하여 부모 공경을 명령하십니다. 심지어 부모에게 순종하지 아니하는 자식들은 돌로 쳐 죽임으로써 악을 제하라고 말씀하시기도 하고(신 21:18-21), 부모를 경홀히 여기는 자는 저주하라고 하십니다(신 27:16).

부모를 경홀히 여기거나 순종하지 않는 것을 악으로 여기면서까지 부모를 공경하라는 하나님의 명령에는 깊은 뜻이 담겨있습니다. 부모 공경은 하나님이 세우신 공동체를 유지하는 기초가 되기 때문입니다. 신명기 21장 20절은 부모에게 불순종한 자식들에 대한 단죄를 부모나 가정이 아닌 '성읍의 모든 사람들' 즉 공동체가 행할 것을 명령하고 있습니다. 또한 부모를 경홀히 여기는 자에 대한 저주 역시 '모든 백성은 아멘 할지니라' 라고 명령함으로써 부모에 대한 불순종이나 경홀히 여김이 공동체에서 제거해야 할 악임을 알려주고 있습니다.

부모 공경이나 섬김은 단순히 한 가정의 어른으로 뿐만 아니라, 공동체(사회)를 이끄는 어른으로 인정하고 존중하라는 하나님의 명령이며, 이러한 부모 공경 계명의 준수가 하나님이 세우신 가정과 공동체를 유지하고 세우는 기본이 됩니다.

"너를 낳은 아비에게 청종하고 네 늙은 어미를 경히 여기지 말지니라"(잠 23:22)

약속이 있습니다

하나님의 명령은 반드시 약속과 함께 주어집니다. 아브라함에게도 "고향과 친척 아버지 집을 떠나 내가 네게 보여줄 땅으로 가라"(창 12:1)고 명령하신 후 "내가 너로 큰 민족을 이루고 네게 복을 주어 네 이름을 창대하게 하리니 너는 복이 될지라"(창 12:2)는 약속을 주셨습니다. 이처럼 모세를 통해 제5계명을 주실 때도 "네 부모를 공경하라"고 하신 후 "그리하면 네 하나님 여호와가 네게 준 땅에서 네 생명이 길리라"(12절)는 약속을 주셨습니다.

계명 준수에 따른 '이 땅에서의 장수'라는 하나님의 약속은 우리가 돌아갈 '하나님 나라에서의 장수(영생)'를 보여주는 예표가 되기도 합니다. 눈에 보이는 부모 섬김과 순종함을 통하여 보이지 않는 하나님을 섬기고 하나님께 순종하게 됩니다. 또한 부모 섬김을 통해 이 땅에서 장수의 복을 누리는 것처럼, 하나님을 섬기고 순종함으로써 하나님 나라에서 영생의 복을 누리게 될 것입니다.

이처럼 하나님께서 우리에게 계명을 주신 목적은 복을 주시기 위해서입니다. 따라서 우리들은 부모님께 순종하며(엡 6:2), 경외하고(레 19:3), 보은하는 마음을 가지며(딤전 5:4), 허물이 보여도 덮어드리고(창 9:23), 경제적으로(잠 31:28) 섬겨야 합니다. 예수님도 어린 시절부터 부모님께 순종하며 살았고(눅 2:51), 조상들로부터 내려오는 전통을 앞세우며 물질적으로 부모에게 도움을 드리지 않는 바리새인과 서기관들에게 잘못된 전통(고르반 제도)을 버리고 부모를 공경하라고 가르치셨으며(마 15:3-6), 십자가 위에서 죽어가는 절박함 속에서도 요한에게 어머니를 부탁하며 부모 공경의 도리를 다하셨습니다(요 19:26-27).

"너는 네 하나님 여호와께서 명령한 대로 네 부모를 공경하라 그리하면 네 하나님 여호와가 네게 준 땅에서 네 생명이 길고 복을 누리리라"(신 5:16)

'순종'은 하나님을 섬기고, 부모를 공경하는 또 다른 표현입니다.

창의성을 발휘할 자유 '순종'

| **순종**은 하나님께서 정하신 권위자의 보호 아래에서 창의성을 발휘할 자유입니다. |

믿음의 조상 아브라함의 절정은 아침 햇빛이 찬란한 모리아 산에서 증명되었습니다. 아브라함은 그 산에서 100세에 낳은 아들을 번제물로 드리라는 하나님의 말씀에 순종했습니다. 인간의 관점에서 하나님의 요구는 받아들이기 힘든 사건이지만 그는 즉시 순종했습니다. 하나님께서는 우리가 어떤 환경에서도 약속을 믿고 순종하기를 원하시는데, 순종은 하나님을 사랑해야만 가능한 일입니다.

부모님께 하는 순종은 하나님께 순종하는 첫걸음입니다. '부모에게 순종하면 잘되고 땅에서 장수하리라'(엡 6:3)는 하나님의 약속은 주 안에서 절대적이고 즉각적인 순종을 전제로 합니다. 불순종으로 깨지고 막혔던 하나

소그룹 인도

사도신경 : 다 같이 | 찬송 : 543장(통 342) | 기도 : 회원 중 | 본문말씀 : 창 22:1-14
새길말씀 : 창 22:14 | 헌금 찬송 : 548장(통 431) | 헌금 기도 : 회원 중 | 주기도문 : 다 같이

님과의 관계 회복을 위해 이 땅에서 먼저 해야 할 도리는 부모님께 순종하는 일입니다. "누구든지 하나님을 사랑하노라 하고 그 형제를 미워하면 이는 거짓말하는 자니 보는 바 그 형제를 사랑하지 아니하는 자는 보지 못하는 바 하나님을 사랑할 수 없느니라"(요일 4:20)고 사도 요한을 통해 주신 말씀에도 그런 의미가 담겨있습니다. 순종의 성품에 담긴 의미가 무엇인지 살펴보도록 하겠습니다.

순종은 권위자의 지시를 기쁘게 수행하는 태도입니다

아브라함은 하나님의 말씀에 순종했기에 모리아 산으로 갔고, 이삭은 이해하기 힘든 아버지의 행동에 반항하지 않고 순종했습니다. 이삭의 순종은 죽기까지 순종하신 예수님의 표본입니다. 순종이란 나를 책임지고 있는 권위자의 현명한 지시를 기쁘게 수행하는 것입니다. 권위자의 말에 순종할 때 보호를 받고 복을 받습니다. 순종의 어원적 의미는 히브리어로 '샤마' 입니다. 이 히브리어 동사의 기본적인 의미는 '듣다' '청종하다' '관심을 갖다' '복종하다' 로 누군가의 말을 듣는다는 것입니다. 구약에는 하나님의 백성 된 이스라엘을 향해, 하나님의 말씀을 듣고 행하며 또한 하나님이 세우신 대리자의 말을 듣고 순종하라고 하셨습니다(민 12장). 예수님께서도 아버지께서 명령하신 모든 것을 다 행하셨으며(요 15:10; 히 10:7), 하나님의 뜻을 온전히 행하는 것을 사역의 전부로 여기셨습니다(요 4:34). 우리 그리스도인들에게는 하나님의 말씀에 순종하듯이 부모님의 말씀에도 기쁨으로 순종할 책임이 주어졌습니다.

"자녀들아 모든 일에 부모에게 순종하라 이는 주 안에서 기쁘게 하는 것이니라"(골 3:20)

순종은 조건에 연연하지 않습니다

하나님께서 주신 말씀뿐만 아니라 이 땅에서 최고의 권위자 되시는 부모님의 말씀에도 순종해야 합니다. 아브라함이 기적같이 얻은 이삭을 번제물로 드리라는 하나님의 명령은 하늘의 별과 같이 많은 후손을 주시겠다고 약속하셨던 하나님의 말씀에(창 15:5) 비추어 볼 때 이해할 수 없는 일이었습니다. 사전에 그 어떤 조건도 제시하신 바 없으셨던 하나님께서 갑자기 내리신 명령이기에 당혹스러웠을 수도 있습니다. 그럼에도 불구하고 아브라함은 조건에 연연하지 않고 즉시 순종했습니다.

누가복음 5장에 보면 베드로가 밤이 맞도록 수고하며 그물을 던졌지만 고기를 잡지 못했습니다. 실의에 빠져 허탈하게 그물을 씻고 있을 때 주님께서 찾아오셨습니다. 그리고 "깊은 데로 가서 그물을 내려 고기를 잡으라"고 명령하셨습니다. 주님은 베드로에게 어떠한 조건을 제시하거나 제안하지 않았습니다. 그렇지만 베드로는 순종하고 그물을 던졌습니다. 순종한 결과는 현장에서 즉시 나타났습니다. 그물이 찢어질 정도로 고기가 잡혔고 두 배에 가득히 채워지는 기적이 일어났습니다. 베드로의 이러한 순종을 보신 예수님은 그를 사람 낚는 어부로 부르시고 복음 전할 사도로 부르셨습니다. 이성적인 판단이나 계산이 앞서 머뭇거리는 태도가 아닌 무조건 믿고 순종하는 자만이 주님이 주시는 기쁨을 소유할 수 있습니다.

"시몬이 대답하여 이르되 선생님 우리들이 밤이 새도록 수고하였으되 잡은 것이 없지마는 말씀에 의지하여 내가 그물을 내리리이다 하고"(눅 5:5)

순종은 믿음의 표현입니다

요한복음 3장 36절에 '아들을 믿는 자에게는 영생이 있고, 아들에게 순종하지 아니하는 자는 영생을 보지 못한다' 라고 하셨으니 믿음과 순종은 동격입니다. 아브라함의 순종에 대해 히브리서 기자는 히브리서 11장 19절에서 '하나님이 능히 이삭을 죽은 자 가운데서 다시 살리실 줄로 생각했다'며 하나님의 명령에 순종하게 된 배경은 아브라함이 가진 믿음 때문이라고 증거하고 있습니다. 순종하기 위해서는 결단이 필요합니다. 결단 없이 따라가다 보면 불평할 수도, 방황할 수도 있습니다. 결단 없는 순종은 상황이 나빠지면 흔들릴 수도 있습니다. 아브라함이 "아침에 일찍이 일어나 하나님이 자기에게 일러주신 곳으로 갔더니"(창 22:3)라는 말씀을 볼 때, 이삭을 번제물로 바치라는 하나님의 명령이 주어졌을 때, 이미 순종하려는 결단을 했음을 알 수 있습니다. 이삭도 마찬가지였습니다. 자신을 하나님께 번제로 드리려고 끈으로 묶고 있는 아버지의 행동을 보면서도 반항한 흔적을 발견할 수 없는 것으로 보아 나를 사랑하시는 아버지께서 이렇게까지 하시는 것을 보면 하나님의 말씀에 순종하려고 하시는 행동이라는 것을 알고 순종하려는 결단이 섰기에 반항하지 않았다고 볼 수 있습니다. 하나님 앞에 순종하는 것뿐만 아니라, 이 땅에서 최고의 권위자이신 부모님께 순종하는 것은 자녀의 본분이며, 내게 주어진 의무이기도 합니다.

"각 사람은 위에 있는 권세들에게 복종하라 권세는 하나님으로부터 나지 않음이 없나니 모든 권세는 다 하나님께서 정하신 바라"(롬 13:1)

우리가 하나님의 명령에 순종하지 않으면, 하나님의 약속에도 의지할 수 없다.
- 프랑스 종교개혁가 장칼뱅 -

권위자의 보호를 의식하라

| **순종**은 하나님께서 정하신 권위자의 보호 아래에서 창의성을 발휘할 자유입니다. |

하나님의 백성들이 복을 받고 사는 것은 순리입니다. 하나님은 이스라엘 백성들을 사랑하셔서 출애굽 시키셨고, 광야에서 율법(십계명)을 주시므로 순종을 통해 복을 받는 법을 가르쳐주셨습니다. 하지만 40년이라는 고달픈 광야 생활이 끝날 때가 됐음에도 불구하고 여전히 애굽의 풍습을 버리지 못하고 불순종했기에 출애굽 세대들의 생애는 광야에서 끝나고 말았습니다. 가나안 입성을 앞두고 있는 출애굽 2세대들을 모압 평지에 모아놓은 모세는 그들이 가나안에 들어가기 전 조상 때 시내 산에서 받았던 십계명 설교를 반복하며 가나안 정복의 승리를 다짐합니다. 그리고 최고의 권위자이신 하나님께서 주신 법을 지키면 복을 받고(1-14절), 법을 지키

소그룹 인도

사도신경 : 다 같이 | 찬송 : 425장(통 217) | 기도 : 회원 중 | 본문말씀 : 신 28:1-14
새길말씀 : 신 28:1 | 헌금 찬송 : 370장(통 455) | 헌금 기도 : 회원 중 | 주기도문 : 다 같이

지 않으면 저주를 받는다는 것을(15-68절) 대조시켜 가르치고 있습니다. 순종하는 자에게 주시는 하나님의 복과 순종해야 하는 이유에 대하여 살펴보겠습니다.

민족적인 복을 주시기 위함입니다

말씀에 순종하는 민족에게 하늘의 아름다운 보물창고를 열어(12절) 민족적인 복을 주시겠다고 약속하신 분은 복의 근원이신 하나님이십니다(12절). 하나님께서는 '세계 모든 민족 위에 뛰어나게 하시고(1절), 전쟁에서 승리하게 할 것이며(7절), 나라를 부강하게 하시겠다'(8-12절)라고 구체적으로 말씀하셨습니다. 실제로 이 복은 우리나라에 복음이 들어온 후 100여 년간 지속되었습니다. 역사를 통해 보면 외국의 선교사들에 의해 선교의 문이 열린 1885년 당시 나라 형편은 지구촌의 변방 국가에 불과했습니다. 그 후 한국 기독교 100년의 역사는 우리나라가 선진국 대열에 진입하는데 핵심적인 역할을 했습니다. 안정적인 나라 발전과 민족 복음화를 위해 기도하며 헌신한 믿음의 선진들이 있었기 때문입니다.

그러나 그 후 30여 년은 한국교회가 쇠퇴기에 접어들었다는 평가를 받는 안타까운 상황입니다. 이것이 해외에 파송하는 선교사 숫자가 감소하는 것과 비례하고 있다는 분석이 나오고 있는 것으로 보아서 국민소득이 높아지면서 삶의 질은 좋아졌지만, 절박한 심정으로 하나님만 바라보며 매달렸던 그 모습이 사라졌기 때문이 아닌가 하는 생각이 듭니다. 회복하고 해결하는 방법은 마음을 돌이켜 하나님의 말씀을 사랑하고 순종하는 것입니다.

"내가 오늘 명하는 모든 명령을 너희는 지켜 행하라 그리하면 너희가 살고 번성하고 여호와께서 너희의 조상들에게 맹세하신 땅에 들어가서 그것을 차지하리라"(신 8:1)

가정을 보호하기 원하시기 때문입니다

아무리 많은 재산과 능력, 높은 권력을 가지고 있어도 하나님 말씀에 순종하지 않으면 참된 복은 받을 수 없습니다. 복의 근원이신 하나님께서 순종 속에 모든 복을 담아 두셨기에 그분의 말씀에 순종하면, 약속하신 대로 생활의 복과 자녀의 복(4절), 소유의 복(4-5절)은 물론, 믿음으로 행하는 모든 일에 복을 받습니다(6절). 하나님께서 복을 주시겠다고 하신 말씀에는 저주로부터 보호하시겠다는 의미도 담겨있습니다. 따라서 하나님의 말씀에 순종하는 삶을 살아갈 때 하나님이 주시는 복으로 그의 삶이 빛날 것입니다. 이와 같은 약속은 기독교 역사를 빛낸 세계적인 신앙 인물들을 통해서도 볼 수 있습니다.

미국 역사에 벤저민 프랭클린(1706년-1790년)이라는 사람이 있습니다. 그는 가난한 집에서 17명의 자녀 가운데 15번째로 태어났습니다. 학교는 1년 밖에 다니지 못했지만, 미국 헌법의 기초를 놓은 사람입니다. 대통령을 제외하고는 모든 것을 역임했다고 평가할 정도로 큰 인물이었습니다. 그가 그렇게 위대한 인물이 된 비결은 첫째, 청교도적인 믿음을 가진 부모님의 말씀에 순종했고, 둘째, 매 주일 교회에 나가서 목사님의 설교를 듣고 그 말씀에 순종했으며, 셋째, 어떤 경우에도 물질의 노예가 되지 않고 물질의 주인이 될 것을 다짐하고 살았다는 것입니다. 순종은 나 자신뿐 아니라 자손까지 복되게 하는 통로입니다.

"다만 그들이 항상 이 같은 마음을 품어 나를 경외하며 내 모든 명령을 지켜서 그들과 그 자손이 영원히 복 받기를 원하노라"(신 5:29)

불행을 자초하지 말아야 합니다

불행을 원하는 사람은 없습니다. 그렇지만 우리 주변에 불행하다고 말하는 사람은 많습니다. "내가 오늘 너희에게 명령하는 그 말씀을 떠나 좌로나 우로나 치우치지 아니하고 다른 신을 따라 섬기지 아니하면 이와 같으리라" (14절)는 말씀을 근거로 볼 때, 불행의 원인은 여러 가지가 있을 수 있으나, 말씀에 순종하지 않을 때 불행은 찾아옵니다. 그러므로 하나님께서 말씀하신 "네 부모를 공경하라"는 5계명을 지키지 않을 때에도 불행은 찾아오게 됩니다. "아비를 조롱하며 어미 순종하기를 싫어하는 자의 눈은 골짜기의 까마귀에게 쪼이고 독수리 새끼에게 먹히리라"(잠 30:17)고 경고하신 하나님의 말씀에 귀 기울여야 합니다.

그렇지만 설령 그리스도인이 불행에 처했을지라도 그 불행이 끝은 아닙니다. "여호와께서 너를 대적하기 위해 일어난 적군들을 네 앞에서 패하게 하시리라 그들이 한 길로 너희를 치러 들어왔으나 네 앞에서 일곱 길로 도망하리라"(7절)라는 말씀처럼 회개하고 하나님 앞에 선다면 하나님께서 치유하시고 해결해 주십니다.

"네가 만일 네 하나님 여호와의 말씀을 순종하지 아니하여 내가 오늘 네게 명령하는 그의 모든 명령과 규례를 지켜 행하지 아니하면 이 모든 저주가 네게 임하며 네게 이를 것이니"(신 28:15)

하나님께서 복을 주시겠다고 하신 말씀에는 저주로부터 보호하시겠다는 의미도 담겨있습니다.

바울이 전한 사랑의 '호소'

| **호소**는 하나님께 억울함을 하소연하면서 도움을 요청합니다. |

바울을 통해 두 번 소개되는 '오네시모'라는 사람이 있습니다. 골로 새서 4장 9절에는 '신실하고 사랑받는 형제' 그리고 빌레몬서 1장 10절에는 '갇힌 중에서 낳은 아들'이라고 소개되고 있습니다. 빌레몬의 노예였던 그가 주인에게 물질적인 손해를 끼치고 도망쳐 나온 후 로마 감옥에 수감되었는데, 거기서 바울을 만나 예수 그리스도를 영접했습니다. 그 후 바울에게 없어서는 안 될 정도로 신망이 두터운 사람이 되었습니다. 바울은 복음 사역에 꼭 필요한 사람이라고 판단되었기에 곁에 두고 싶었습니다. 그러나 그가 노예 신분으로 도망쳐 나왔기에 주인의 허락을 받는 것이 도리라고 생각했던 것 같습니다. 오네시모의 주인은 바울의 동역자 빌레몬이었습니

소그룹 인도

사도신경 : 다 같이 | 찬송 : 311장(통 185) | 기도 : 회원 중 | 본문말씀 : 몬 1:8-22
새길말씀 : 몬 1:20 | 헌금 찬송 : 220장(통 278) | 헌금 기도 : 회원 중 | 주기도문 : 다 같이

다. 바울은 빌레몬이 자신의 부탁을 거절하지 않을 것이라고 믿었습니다. 그러나 임의대로 하지 않고 오네시모를 보내달라고 허락을 구하기 위해 자신이 쓴 편지와 함께 빌레몬에게 그를 보내기로 결심합니다.

빌레몬에게 보낸 바울의 편지는 오네시모를 위한 간곡한 호소가 적혀 있습니다. 빌레몬을 향한 바울의 호소에 어떤 의미가 있으며, 호소의 성품이 5계명 실천에 어떻게 연결되는지 살펴보겠습니다.

바람직한 호소는 사랑으로 합니다

오네시모의 주인 빌레몬에 대해 바울은 "우리의 사랑 받는 자요 동역자인 빌레몬"(1절)이라며 서로 동역자이면서도 우호적인 관계를 맺고 있음을 소개하고 있습니다. 그리고 사역을 위해 오네시모를 곁에 두는 것이 마땅한 일이기에 내 곁에 두겠다고 일방적으로 통보할 수도 있었지만(8절), 그렇게 하면 물질적인 손해를 입은 빌레몬에게뿐만 아니라 주인에게 도망쳐 나온 오네시모의 입장이 떳떳하지 못할 것 같아 오네시모를 돌려보내며 호소했습니다(10절). 바울의 호소는 오네시모를 사랑한 데서 비롯됐습니다. 빌레몬에게 오네시모가 빚진 것이 있으면 내 앞으로 계산하라(18절)고 부탁할 정도로 오네시모를 향한 사랑의 마음이 컸습니다. 오네시모를 향한 마음과 사랑으로 빌레몬에게 호소하는 바울의 태도를 배워야 합니다.

"여호와여 의의 호소를 들으소서 나의 울부짖음에 주의 하소서 거짓되지 아니한 입술에서 나오는 나의 기도에 귀를 기울이소서"(시 17:1)

하나님이 원하시는 공동체를 이루기 위해 필요합니다

하나님이 원하시는 공동체는 서로의 인격을 존중하는 데서 시작됩니다. 바울은 오네시모의 주인 빌레몬도, 빌레몬의 노예 오네시모도 똑같이 사랑했습니다. 왜냐하면 그들 모두가 그리스도 안에서 동역자였기 때문입니다. 바울은 빌레몬에게 사랑의 공동체를 이루기 위해 오네시모가 물질적인 손해를 입히고 도망쳤지만 예수를 영접하기 이전에 행한 일이니 너그러이 용서해 줄 것을 호소했습니다.

예수님께 사랑의 빚을 지지 않은 사람은 아무도 없습니다. 우리는 예수 그리스도로 인해 하나님을 아버지라 부르는 형제자매가 되었습니다. 따라서 믿음의 공동체 안에서 형제를 사랑하고 용서하는 것은 마땅히 행할 도리입니다. 바울은 사랑의 공동체가 깨지지 않기 위해 빌레몬에게만 편지를 쓰지 않고 빌레몬의 아내 압비아, 교회의 일꾼 아킵보 그리고 교회 앞으로도 편지를 씁니다(2절). 이 짧은 편지를 통해 바울이 하나님을 사랑하는 마음으로 교회 공동체를 섬긴 것을 알 수 있습니다. 우리의 공동체인 교회에서도 내가 먼저 돌아보고, 격려하며 부족한 부분은 이해하고 용서할 수 있도록 호소의 성품을 사모하며 적용해야 합니다.

"여호와여 나의 말에 귀를 기울이사 나의 심정을 헤아려 주소서"(시 5:1)

호소는 믿음의 증거입니다

바울과 빌레몬은 오네시모를 사이에 놓고 그리스도인의 사랑이 무엇인지 잘 보여줍니다. 하나님을 향한 사랑은 이웃에 대한 사랑으로 증명됩니다. 바울은 주인에게서 도망친 오네시모를 감옥에서 만난 후 노예로 취급하지 않고 믿음 안에서 형제로 받아들입니다. 그리고 그를 바른길로 인도하기 위해 많은 수고를 해야 했습니다. 바울은 오네시모를 주인 빌레몬에게 보내면서 호소하기를 "그가 전에는 네게 무익하였으나 이제는 나와 네게 유익한 사람"(11절)이라고 호소하고 있습니다. 오네시모라는 이름의 뜻은 '쓸모없는 사람'입니다. 실제로 사람 취급받지 못하던 빌레몬의 노예 오네시모가 바울의 동역자이고 심복이 되었습니다(12절).

빌레몬서를 통해 우리에게 상처 주고 잘못을 저지른 사람도 용서하고 사랑해야 함을 깨닫게 됩니다. 그리고 예수 그리스도로부터 구원의 복을 받고 사랑의 빚을 진 사람은 다른 사람을 사랑해야 할 책임이 있습니다. 무엇보다 어떤 부탁을 하거나 요청을 할 때는 간절함이 담긴 마음으로 호소해야 합니다. 가정이나 교회 안에서 어떤 분쟁이나 다툼이 있을 때, 사람의 생각대로 하지 않고 말씀대로 호소하면 공동체가 화합하게 됩니다. 호소는 사랑하는 사람이 억울한 일을 당하거나 위험에 노출됐을 때 도움받을 사람에게 도움을 받기 위한 마음입니다. 진정한 호소는 사람의 마음을 움직이게 합니다.

"여호와여 내가 주를 불렀사오니 속히 내게 오시옵소서 내가 주께 부르짖을 때에 내 음성에 귀를 기울이소서"(시 141:1)

구원의 복을 받고 사랑의 빚을 진 그리스도인은 다른 이들을 사랑해야 할 책임도 있습니다.

효심에서 나온 룻의 호소

| **호소**는 하나님께 억울함을 하소연하면서 도움을 요청합니다. |

구약성경 중 여인의 이름으로 된 성경은 에스더와 룻기입니다. 여인들의 인권이 보호받지 못하고 소유물로 취급되던 고대시대에 여인의 이름이 성경의 책명이 됐다는 것은 그 여인들이 특별한 인물이라는 것을 증명합니다. 유대인 에스더는 민족을 사랑하는 여인으로, 이방인(모압) 룻은 하나님을 온전히 섬기며 유대인 시어머니에게 효도한 여인으로 부각되고 있습니다.

룻기는 불신앙과 도덕적 타락이 만연하여 영적인 암흑기였던 사사 시대를 배경으로 기록했습니다. 유다 땅에 흉년이 들자 엘리멜렉은 이방 나라 모압 땅으로 이주하였습니다. 현실의 어려움을 피해 이주하였지만 이주한 땅에서

소그룹 인도

사도신경 : 다 같이 | 찬송 : 276장(통 334) | 기도 : 회원 중 | 본문말씀 : 룻 1:15-18
새길말씀 : 룻 2:12 | 헌금 찬송 : 406장(통 464) | 헌금 기도 : 회원 중 | 주기도문 : 다 같이

엘리멜렉은 물론 말론과 기룐 두 아들까지 죽게 됩니다. 그 후 나오미는 여호와께서 자기 백성을 돌보시고 양식을 주셨다는 소식을 듣고 예루살렘으로 돌아가려는 결심을 하며 며느리들을 각자 친정으로 돌아가라고 설득했습니다. 큰 며느리 오르바는 시어머니의 설득을 받아들여 친정으로 돌아갔지만 (1:14), 작은 며느리 룻은 끝까지 시어머니를 좇아가겠다는 결심을 하고, 시어머니에게 무슨 일이 있어도 어머니의 고향으로 함께 가겠다고 간곡히 호소합니다(1:15-18).

외로운 시어머니의 동반자가 되겠다고 자청했습니다

나오미는 며느리들이 더 이상 고생하는 것을 원하지 않았기에 친정으로 돌려보내 여생을 자유롭게 살라고 간곡하게 권고했습니다. 그러나 룻은 시어머니의 권고를 거절하고 시어머니의 동반자가 되겠다고 자청했습니다. 1장 19절에 "이에 두 사람이 베들레헴으로 갔더라"고 하는 말씀은 두 사람이 서로 위로하고 서로 의지하며 살아갈 특별한 동반자가 되어 모압 땅을 떠났다는 말입니다. 과거에 나오미가 흉년을 피해 남편 엘리멜렉을 따라서 베들레헴을 떠날 때는 풍족했으나, 약속의 땅을 저버리고 우상의 땅 모압에 살면서 하나님께 징계를 받은 후 베들레헴으로 돌아올 때는 빈손으로 돌아가게 되었습니다(1:21). 불행 중 다행인 것은 효성이 지극한 룻과 동반자가 되어 돌아온 것입니다.

1장 14절에 "룻은 그를 붙좇았더라"는 말씀은 룻이 시어머니를 따라가는 길은 평탄한 길이 아니라 험준한 길이고, 가시밭길이지만 이스라엘의 하나님께서 시어머니와 함께 하실 것을 믿었기에 끝까지 동반자가 될 것을 결심하고 시어머니를 붙잡고 갔다는 뜻입니다. 또한 룻은 어머니의 하나님이 나의 하나님이 되실 것이라는 신앙고백(1:16)과 자신이 죽는 일 외에 어머니를 떠나면 여호와께서 자신에게 벌을 내리셔도 기꺼이 받겠다는 결심을 토로합니다(1:17). 이러한 표현은 히브리인들의 강력한 호소와 확고한 맹세의 표현임을 볼 때(삼상 3:17; 왕상 2:23), 룻의 결심은 확고부동 했습니다. 결국 두 사람은 서로를 위로하고, 의지하며 살아가는 특별한 관계가 되었습니다.

"보는 바 그 형제를 사랑하지 아니하는 자는 보지 못하는 바 하나님을 사랑할 수 없느니라"(요일 4:20)

시어머니 봉양에 최선을 다했습니다

시어머니와 함께 남편의 고향에 도착한 룻이 당면한 문제는 시어머니의 끼니를 책임져야 하는 일이었습니다. 그는 끼니를 해결하기 위해 보리 이삭을 주우러 들로 나갔습니다. 낯선 땅, 낯선 사람의 밭에서 보리 이삭을 줍는다는 것은 쉬운 일이 아닙니다. 누구의 땅인지 몰랐지만, 저녁이 될 때까지 부지런히 이삭을 주웠습니다(2:17-18).

룻의 이삭줍기는 매일같이 이어졌습니다. 밭 주인 보아스는 자기 밭에서 부지런히 이삭을 줍고 있는 소녀의 모습에 감동을 받고, 밭에서 일하던 종들을 불러 보리 이삭을 줍는 소녀가 누구인지 물었습니다(2:5). 그 소녀가 자신의 친족임을 알고 난 후 보아스는 그녀에게 더욱 친절을 베풀며 밭에서 일하는 종들에게도 그가 편히 이삭을 줍도록 배려해 주라는 당부까지 했습니다(2:15-16). 그후 룻은 보아스의 친절과 배려에 대해 시어머니께 말씀드리게 되는데(2:19), 그 말을 들은 시어머니께서는 앞으로도 이삭을 줍기 위해 보아스의 밭 외에 다른 사람의 밭에 가지 말라고 말씀하셨고 룻은 그대로 순종했습니다(2:22).

최선을 다해 시어머니를 봉양하는 룻을 지켜본 보아스는 "여호와께서 네가 행한 일에 보답하시기를 원하며 이스라엘의 하나님 여호와께서 그의 날개 아래에 보호를 받으러 온 네게 온전한 상 주시기를 원하노라"(2:12)며 복을 빌며 위로했습니다.

Tip. 노인 삼락(三樂) - 몸은 편하게, 눈은 즐겁게, 입은 연하게

약속대로 복을 받았습니다

룻은 시어머니의 신앙을 유산으로 영적인 복을 받았고(1:16), 나오미 가족의 기업 무를 자이며, 경제적으로 부유한 보아스의 아내가 됨으로 삶의 보호처를 제공받았으며(4:13), 나아가 그리스도의 조상이 되는 영예로운 지위를 얻었습니다(4:18-22).

이와 같은 복을 받게 된 것은 룻이 베들레헴에서 이주해 온 나오미의 아들과 결혼하면서 시작되었습니다. 룻의 결혼생활은 평탄하지 못했으며, 그 가정에 불행이 계속되면서 어려움이 닥쳐왔지만 그 가운데서도 다행스러운 것은 하나님을 알게 되었다는 것입니다. 그리고 동족에게로 돌아가라는 시어머니 나오미의 따뜻한 배려에도 하나님과 시어머니를 따라서 베들레헴으로 오게 됩니다. 룻의 호소로 나오미와의 고부간의 관계가 하나님과의 신앙적 관계로 발전하면서 하나님의 복을 받게 되었던 것입니다. 부모를 공경하면 "네가 잘되고 땅에서 장수하리라"(엡 6:3)는 하나님의 말씀이 룻을 통해 성취되었습니다. 이와 같이 하나님의 말씀에 순종하면 하나님의 복을 받게 됩니다.

Tip. 기업 무를 자(고엘) - '친족, 보호자, 대변자, 잃은 것을 회복시켜 주는 자' 라는 뜻을 가지고 있는 유대인들의 전통인데, 룻기에서는 엘리멜렉 가문의 재산을 회복시켜주고, 보호하고, 효성이 지극한 나오미의 며느리 룻을 아내로 삼아 자녀를 낳아 잃은 것을 회복시켜 준 보아스를 일컫는 말입니다.

복의 씨앗은 지극히 작은 것으로부터 시작됩니다.

제 6계명

살인하지 말라!

"살인하지 말라"라는 제6계명은 사람과 사람 사이에 지켜져야 할 두 번째 계명으로써 생명 및 이스라엘 공동체 유지와 관련된 가장 중요한 계명입니다. 하나님께서 창조하신 생명을 피조물인 사람이 없애는 것은 스스로 하나님이 되려는 죄악과 같습니다. 더욱이 하나님께서 자신의 형상으로 사람을 창조하시고 번성하라고 하셨기에 사람의 생명을 빼앗는 일은 하나님의 창조 질서와 섭리를 깨고 하나님을 대적하는 일이기도 합니다. 나아가 살인은 하나님께서 세우신 이스라엘 공동체를 구성하고 있는 소중한 사람을 없앰으로써 공동체를 위기에 빠지도록 하는 일이었습니다.

"살인하지 말라"라는 제6계명은 하나님의 피조물로 오늘을 살아가는 모든

소그룹 인도

사도신경 : 다 같이 | 찬송 : 294장(통 416) | 기도 : 회원 중 | 본문말씀 : 출 20:13

새길말씀 : 출 20:13 | 헌금 찬송 : 298장(통 35) | 헌금 기도 : 회원 중 | 주기도문 : 다 같이

사람과 국가 공동체에 소중한 계명입니다. 제6계명을 통해 그리스도인들에게 주시는 하나님의 말씀과 뜻을 자세히 살펴보겠습니다.

생명을 존중하라는 의미입니다

제6계명은 생명 존중에 대한 깊은 의미가 숨겨져 있습니다. 타인의 생명을 인정하고 지켜주는 일은 하나님을 존중하는 것이며 나아가 사람을 향하신 하나님의 뜻을 따르는 일입니다. 하나님께서는 당신의 형상을 따라 사람을 창조하셨습니다(창 1:26-27). 따라서 하나님의 형상을 닮은 사람을 죽이는 행위는 하나님을 인정하지 않는 불신앙입니다. 또한 하나님께서는 당신의 형상을 닮은 사람을 창조하신 후, 생육하고 번성하며 당신이 지으신 만물을 다스리라는 복을 주셨습니다(창 1:27-28). 그러므로 살인은 사람을 창조하여 이 땅에서 번성하도록 계획하신 하나님의 뜻을 거역하는 죄가 됩니다.

이처럼 생명은 하나님께 속한 것이기에 그 누구도 함부로 할 수 없습니다. 사람이 생명의 주인이 아니므로 다른 사람의 생명뿐만 아니라 자기 생명까지도 마음대로 해서는 안 됩니다. 예수님도 한 영혼이 천하보다 귀함을 말씀하셨습니다. 그 어떤 것으로도 생명과 바꿀 수 없기 때문입니다. 그러므로 그리스도인은 자신의 생명과 더불어 타인의 생명을 존중하고 인정하는 삶을 살아야 합니다.

"육체의 생명은 피에 있음이라 내가 이 피를 너희에게 주어 제단에 뿌려 너희의 생명을 위하여 속죄하게 하였나니 생명이 피에 있으므로 피가 죄를 속하느니라"(레 17:11)

내면적 살인도 주의해야 합니다

본문에 나오는 '죽이다'라는 뜻은 증오심, 분노, 악의, 속임수, 사리사욕

등 나쁜 마음을 품고서 고의로 다른 사람을 죽이는 경우를 가리키는 말로 사용됩니다. 누군가를 물리적으로 죽이지 않았다고 해서 제6계명을 다 지킨 것이 아닙니다. 우리는 하루에도 여러 번 사람들에게 분노를 내거나, 내게 소홀한 사람에게 나쁜 마음을 품기도 합니다. 나아가 그러한 마음의 상태를 말과 글, 소문으로 만들어 타인의 삶에 커다란 상처를 줌으로써 결과적으로 극단적인 상황에 이르도록 하는 때도 있으며, 때로는 우리가 그런 절박한 상황에 놓일 때도 있습니다.

그리스도인인 우리는 육신의 살인뿐만 아니라 말과 행동, 권한과 무력으로 타인의 생명을 빼앗지 않는가에 주의해야 합니다. 한마디의 말과 행동이 다른 사람을 죽음에 이르게 하거나, 자신이 가진 권한과 힘이 타인의 생명을 위협하는데 남용되는 것 역시 하나님이 창조하신 생명을 없애는 것이 될 수 있기 때문입니다.

"우리가 다 실수가 많으니 만일 말에 실수가 없는 자라면 곧 온전한 사람이라 능히 온 몸도 굴레 씌우리라. 우리가 말들의 입에 재갈 물리는 것은 우리에게 순종하게 하려고 그 온 몸을 제어하는 것이라"(약 3:2-3)

분노가 아닌 사랑으로 대하라는 뜻입니다

원한과 분노, 또는 사악한 의도를 가지고 살인하면 죽음으로 그 형벌을 받았습니다. 이것은 당연한 사회적 제도입니다. 살인에 대한 대가는 생명으로만 갚을 수 있다고 율법은 말하고 있습니다(출 21:23). 살인한 사람은 죽음으로 벌을 받아야 했습니다(출 21:12-14).

그런데 예수님은 이에 대해 산상수훈에서 "옛 사람에게 말한 바 살인하지 말라 누구든지 살인하면 심판을 받게 되리라 하였다는 것을 너희가 들었으나 나는 너희에게 이르노니 형제에게 노하는 자마다 심판을 받게 되고 형제를 대하여 라가라 하는 자는 공회에 잡혀가게 되고 미련한 놈이라 하는 자는 지옥 불에 들어가게 되리라"(마 5:21-22)는 더욱 강화된 메시지를 주셨습니다. 물리적인 살인뿐만 아니라 형제자매에게 성내는 것이나 그들을 '얼간이' 혹은 '바보'라고 부르는 것까지도 살인이라고 하셨습니다. 이것은 "살인하지 말라"는 계명에 담긴 속뜻을 밝혀주는 것입니다. "살인하지 말라"라는 제6계명의 가장 근본적인 예수님의 취지는 바로 생명을 존중하고 이웃을 사랑하라는 것입니다.

예수님은 살인을 정의하시면서 이어서 "그러므로 예물을 제단에 드리려다가 거기서 네 형제에게 원망들을 만한 일이 있는 것이 생각나거든 예물을 제단 앞에 두고 먼저 가서 형제와 화목하고 그 후에 와서 예물을 드리라"고 말씀하셨습니다(마 5:23-24). 우리 안에 성령의 은혜로 사랑이 가득하면 형제와 화목하게 되고, 원수를 사랑할 수 있을 뿐만 아니라 박해자를 위해 기도할 수 있습니다. 이는 하늘에 계신 아버지의 온전하심과 같이 온전하게 사는 모습입니다(마 5:44-48).

> "또 네 이웃을 사랑하고 네 원수를 미워하라 하였다는 것을 너희가 들었으나 나는 너희에게 이르노니 너희 원수를 사랑하며 너희를 박해하는 자를 위하여 기도하라"(마 5:43-44)

그리스도께서 원수 된 우리를 사랑으로 품으신 것처럼,
그리스도의 사랑으로 충만할 때, 생명을 존중할 수 있습니다.

하나님의 평안을 누리며 나누는 '온유'

| **온유**는 하나님이 우리를 통해 그분의 평안과 능력을 나타내시도록 우리의 권리를 하나님께 내드립니다. |

미리암은 모세의 생존과 성장에 지대한 공을 세운 사람이었고, 아론은 모세의 형이자 동역자로서 이스라엘이 아말렉과 전투를 벌일 때 하루 종일 모세의 팔이 내려오지 않도록 붙잡아 이스라엘이 승리하는데 함께했던 동역자입니다. 그러나 모세가 이방 여자와 결혼했을 때 이 두 사람은 모세를 비방하였습니다. 사실 비방의 근본적인 원인은 이방 여자와 결혼한 것이 아닌 모세의 우월함에 대한 인간적인 시기였으며 질투심이었습니다. 미리암은 결국 모세를 비방한 죄로 문둥병에 걸렸습니다. 이러한 비방은 모세를 지도자로 임명한 하나님에 대해 정당하지 못한 행동이었습니다.

형제를 시기하고 미워하는 마음은 살인하는 것과 같습니다(마 5:21-24).

소그룹 인도

사도신경 : 다 같이 | 찬송 : 93장(통 93) | 기도 : 회원 중 | 본문말씀 : 민 12:1-13
새길말씀 : 민 12:3 | 헌금 찬송 : 424장(통 216) | 헌금 기도 : 회원 중 | 주기도문 : 다 같이

미리암과 아론은 비방하지 말고 지도자인 모세를 이해하며 세워주는 온유한 마음으로 권면했어야 합니다.

여섯 번째 "살인하지 말라"라는 계명은 하나님과 깨어진 관계를 회복하기 위해 주신 하나님의 약속입니다. 이러한 하나님의 깊은 사랑을 잘 알지 못하여 우리는 너무 쉽게 미워하고 분노하는 삶을 살아갑니다. 우리는 깨어진 하나님과의 관계가 회복될 때 평안한 마음으로 살아갈 수 있습니다. 관계 회복을 위한 구체적인 방법인 온유의 성품에 대해 살펴보겠습니다.

주님 앞에 겸손히 나갑니다

온유(프라오테스)란 '하나님이 우리를 통해 그분의 평안과 능력을 나타내시도록 우리의 권리를 하나님께 내드리는 것'입니다. 온유함으로 나갈 때, 시기, 미움이 아닌 평안의 능력이 나타납니다. 온유(溫柔)의 한자 어원은 행동에 있어서 가시가 돋쳐있거나 거칠지 않고 따뜻하고 부드럽다'라는 뜻입니다. '온유하다'라는 말은 여성적이고 유약하다는 의미가 아니라, 아기를 다루듯이 부드러운 말과 행동을 나타내라는 의미입니다.

모세의 온유함은 지면의 모든 사람보다 더하였다고 합니다. 그는 80세가 될 때까지 40세부터 40년간을 양을 치는 목자로 지내며 하나님 앞에 나아가며 기도하는 삶을 배웠습니다. 그렇게 다듬어진 모세는 이스라엘 백성들이 불평불만으로 가득할 때마다 진노와 화가 아닌 하나님 앞에 기도하며 나아갔습니다. 온유한 성품은 쉽사리 화를 내지 않으며, 보복하지 않으며, 하나님 앞에 나아가게 합니다.

"모든 겸손과 온유로 하고 오래 참음으로 사랑 가운데서 서로 용납하고 평안의 매는 줄로 성령이 하나 되게 하신 것을 힘써 지키라"(엡 4:2)

하나님의 은혜 안에서 성령의 열매인 절제로 나타납니다

모세의 온유는 '자기를 절제하는 온유'였습니다. 출애굽기 34장 29-35절에 보면, 모세는 다른 사람과 달리 하나님과 직접 대면하여 말씀을 들었고, 하나님으로부터 권능을 받았습니다. 그러나 모세는 자신이 가진 권력을 함부로 행하지 않았습니다. 아론과 미리암으로부터 받은 공개적인 비방은 참기 어려웠지만, 분을 절제하며 하나님을 향한 이성을 잃지 않았습니다. 이러한 경우를 만날 때 대부분은 분노하며 미워하는 마음을 갖습니다. 그러나 모세는 화내지 않고 끝까지 참으며 침묵을 지켰고, 모세의 온유함을 보신 하나님은 그를 인정하셨습니다.

하나님의 사랑이 흐르는 데 중요한 성품이 온유입니다. 온유하지 않으면 하나님의 사랑을 느낄 수도 없고, 흘려보낼 수도 없습니다. 온유하게 말하지 않기 때문에 주변의 많은 사람들에게 상처를 주고 갈등과 오해를 불러일으키기도 합니다. 온유의 성품은 우리가 만나는 모든 사람들에게 하나님의 기쁨과 평안함을 나눌 수 있는 통로입니다.

"수고하고 무거운 짐 진 자들아 다 내게로 오라 내가 너희를 쉬게 하리라 나는 마음이 온유하고 겸손하니 나의 멍에를 메고 내게 배우라 그리하면 너희 마음이 쉼을 얻으리니 이는 내 멍에는 쉽고 내 짐은 가벼움이라 하시니라"(마 11:28-30)

성령의 능력을 힘입어야 합니다

온유는 성령의 능력을 힘입고 살아갈 때 나타납니다. 우리 안에 내주하시는 성령님의 능력이 우리를 온유하게 만듭니다. 우리가 육신의 소욕을 쫓아 살아갈 때 다른 사람들을 넘어뜨리고 마음에 상처를 주고 파괴하지만, 성령의 인도하심을 받아 성령의 열매를 맺으며 살아갈 때 그들을 회복시키고 살려냅니다. 모세는 이집트 종으로 지내면서 불평과 불만으로 거칠어진 이스라엘 백성을 온유함으로 이끌어 하나님의 백성으로 나아가도록 도왔습니다.

온유함 가운데 있는 따뜻한 말 한마디, 진정한 사랑의 마음과 행동은 상처받고 고통당하는 사람들을 위로하고 치유합니다. 하나님은 우리 모두를 온유한 사람으로 쓰임 받도록 세상에서 불러내셨습니다. 내 힘으로는 온유함을 나타낼 수 없지만, 성령의 힘을 덧입을 때 진정한 온유의 성품을 소유하게 됩니다.

"형제들아 사람이 만일 무슨 범죄한 일이 드러나거든 신령한 너희는 온유한 심령으로 그러한 자를 바로잡고 너 자신을 살펴보아 너도 시험을 받을까 두려워하라"(갈 6:1)

성령 충만으로 하나님의 평안을 나눌 때, 온유가 성령의 열매로 맺힙니다.

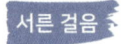
분노와 화를 평안으로 바꾸는 '온유'

| **온유**는 하나님이 우리를 통해 그분의 평안과 능력을 나타내시도록 우리의 권리를 하나님께 내드립니다. |

인생의 말년에 이른 다윗은 하나님의 백성들을 향해 여러 가지 세상 일들로 인하여 실족하지 말 것을 당부하였습니다. 다윗은 시편 37편에서 악인과 의인들이 당하는 고난의 삶을 대조시키며 말하고 있습니다. 불의를 행하는 자들이 잠깐은 잘되는 것 같으나 결국 땅을 차지할 사람들은 의인들임을 강조하고 있습니다. 예수님은 "온유한 자는 복이 있나니 그들이 땅을 기업으로 받을 것"(마 5:5)이라고 말씀하셨습니다.

온유의 성품은 원수의 마음도 감동시킵니다. 악인의 핍박에도 대적하지 않고 온유의 성품으로 살았던 다윗의 모습을 통해 살인하지 말라는 하나님의 계명을 어떻게 적용해야 하는지 살펴보겠습니다.

소그룹 인도

사도신경 : 다 같이 | 찬송 : 288장(통 204) | 기도 : 회원 중 | 본문말씀 : 시 37:1-15
새길말씀 : 시 37:11 | 헌금 찬송 : 421장(통 210) | 헌금 기도 : 회원 중 | 주기도문 : 다 같이

온유한 자는 하나님의 사랑을 배우고 실천합니다

온유한 성품은 하나님의 평안과 능력을 바라보며 살아가는 사람이기에 자신의 생각과 능력 그리고 이 세상 재물, 권력을 의지하지 않습니다. 어떤 상황에서든지 하나님의 인도하심에 순종합니다.

바울은 우리에게 가장 소중한 은사인 사랑에 대해 가르쳐 줍니다. '사랑'이라는 추상명사는 '사랑의 행위'를 통해 드러내는데, 사랑을 '온유함'과 '오래 참음'으로 설명하고 있습니다(고전 13:4). 이 두 단어는 구약에서 하나님의 속성을 가리킵니다. 즉 우리가 하나님의 사람으로 살아가려면, 먼저 죄지은 사람들에 대해 쉽게 분노하지 않으시고, 너그러운 사랑으로 감싸주시는 하나님의 사랑을 먼저 배워야 합니다. 왜냐하면 마음 안에 동요가 일면 다른 사람에 대해 온유할 수 없기 때문입니다. 살다보면 내 마음에 들지 않게 행동하는 사람이 많습니다. 그러나 하나님이 우리를 용납하시고, 오래 참아주신 것을 생각하면서 우리도 또한 그 사랑 안에 머물러야 합니다.

온유한 자는 결코 나약하거나 무기력한 자가 아닙니다. 세상적으로 볼 때 나약하게 보일지 모르지만, 하나님께 대한 변함없는 믿음을 가진 그 누구보다도 강한 자입니다. 온유한 자는 이 세상의 어떤 영광보다도 하나님께서 주시는 약속을 귀하게 여기며 순종합니다.

"그러므로 너희는 하나님이 택하사 거룩하고 사랑 받는 자처럼 긍휼과 자비와 겸손과 온유와 오래 참음을 옷 입고"(골 3:12)

온유한 자는 악인과 불의한 자들로 인해 분노하지 않습니다

세상 사람이 아무리 불의와 타협하여 살더라도, 하나님의 자녀들은 악과 불의에 타협하지 않을 뿐 아니라, 악과 불의를 행하는 자들 때문에 불평하며 시기하지 말아야 합니다(1절). 사람들이 의롭지 못한 방법으로 살기 때문에 이 사회가 모순되고 불의와 악이 존재합니다. 그러나 온유한 자는 어떤 상황에서도 선을 행하기를 힘쓰며, 공의를 말하며, 마음에 간직한 하나님의 법을 따라 행하는 사람들이며, 그의 걸음에는 실족함이 없습니다(6절).

훈련된 개가 오직 주인의 명령에만 따르는 것처럼, 온유한 마음을 가진 사람은 오직 하나님의 말씀만 따라 살아갑니다. 그러기 때문에 세상 사람들이 추구하는 욕망에 관심을 둘 필요가 없습니다. 왜냐하면, 이것이 악을 만들기 때문입니다(8절). 이 세상의 어떤 영광보다도 하나님이 주시는 약속을 귀하게 여기며, 그리스도의 사랑으로 성령 충만하여 온유한 삶을 살아야 합니다.

"아무도 비방하지 말며 다투지 말며 관용하며 범사에 온유함을 모든 사람에게 나타낼 것을 기억하게 하라"(딛 3:2)

온유한 자는 약한 것 같으나 강한 자입니다

해와 바람이 누구의 힘이 더 센지 나그네의 옷을 벗기기로 했습니다. 바람은 자신의 강한 힘으로 나그네의 옷을 벗기고자 하였지만 실패했습니다. 그러나 해는 힘이 아닌 따뜻함으로 나그네의 옷을 벗게 했습니다. 이 이야기의 교훈은 온유한 자가 약할 것 같으나 더 강한 자라는 것을 가르쳐 줍니다.

악인의 형통이 좋은 것 같지만, 결국 하나님 앞에서 그들은 풀과 같이 속히 베임을 당하고 쇠잔할 것입니다(2절). 그러나 여호와를 의지하고 선을 행하면, 주님이 이루시고, 우리의 의를 빛나게 하시고 우리의 권리를 정오의 빛같이 당당하게 하실 것이라 말씀하십니다(3-6절). 온유한 자는 땅을 차지하며 풍성한 화평으로 즐거워하는 복된 인생을 얻게 됩니다(11절).

그리스도인들이 이 세상에서 약한 것 같지만 오히려 강한 것은 그 안에 예수님의 온전한 성품이 있기 때문입니다. 온유한 자는 다른 사람들의 형통함에 불평하지 않습니다. 어떤 상황에 있든지 주님의 약속을 붙잡고 당당하게 삽니다. 온유함에는 세상이 알 수 없는 주님의 평안함이 있고, 세상이 줄 수 없는 만족함이 있습니다. 세상은 권력과 힘을 가진 사람이 지배하지만, 하나님의 나라는 온유한 사람을 통해 확장됩니다.

"수고하고 무거운 짐 진 자들아 다 내게로 오라 내가 너희를 쉬게 하리라 나는 마음이 온유하고 겸손하니 나의 멍에를 메고 내게 배우라 그리하면 너희 마음이 쉼을 얻으리라"(마 11:28-29)

하나님의 평안과 능력을 힘입으면, 불평과 분노를 버리고 약한 자 같으나 강한 자로 살아갈 수 있습니다.

하나님의 은혜를 부르는 '겸손'

겸손은 나는 본질적으로 아무것도 아니고 내 것은 아무것도 없으므로 내 삶의 모든 것은 하나님께서 주신 선물임을 인정합니다.

유다 왕 요시아는 성전 재건을 명령했고, 성전 수리를 담당했던 대제사장 힐기야는 여호와의 전에서 율법책을 발견했습니다. 서기관 사반이 율법책을 읽었을 때 왕은 자기 옷을 찢으며 애통하였습니다. 때마침 여선지 훌다로부터 장차 유다 땅에 하나님의 진노가 임할 것이라는 소식을 듣습니다. 이 일 후 요시야 왕은 죄악에 물든 이스라엘과 유다 전 지역에 종교 개혁을 단행했고, 백성들은 여호와를 섬기고, 유다는 영적 부흥을 가져오게 되었습니다.

요시야 왕은 하나님 앞에 겸손한 사람이었습니다. 겸손한 요시야는 하나님 앞에 자신의 부족함을 인정하면서 하나님의 도움을 구하였습니다. 요시

소그룹 인도

사도신경 : 다 같이 | 찬송 : 542장(통 340) | 기도 : 회원 중 | 본문말씀 : 대하 34:14-28
새길말씀 : 대하 34:27 | 헌금 찬송 : 380장(통 424) | 헌금 기도 : 회원 중 | 주기도문 : 다 같이

야의 겸손을 보신 하나님은 유다 땅에 내리기로 한 재앙을 요시야의 통치 기간 동안에는 내리지 않을 것이라고 말씀하셨습니다.

요시야의 겸손이 하나님의 심판을 유보시켰던 것처럼, 겸손의 성품이 어떻게 하나님과의 깨어진 사랑의 관계를 회복시키는지 살펴보겠습니다.

겸손한 자는 하나님의 은혜를 구합니다

겸손(humility)의 어원은 '땅'에서 온 말로, '땅에 묻는다, 아래를 본다, 얼굴을 땅에 댄다'라는 뜻입니다. 하나님의 말씀을 들을 때 요시야 왕은 얼굴을 들 수 없었습니다. 자신과 백성들의 허물을 지고 얼굴을 땅에 묻었습니다. 성전 수리 중에 발견한 말씀을 들을 때, 요시야 왕은 말씀 앞에서 두려워 떨었습니다. "내 앞에서 겸손하여"(27절)라는 말은 하나님 앞에서 자신을 낮추었다는 뜻입니다. 하나님 앞에서 자신에 대한 무지와 한계를 깨닫고 인생의 모든 것이 하나님께로부터 온 선물임을 인정할 때 겸손해질 수 있습니다. 전능하신 하나님 앞에서 인간 자신의 부족함을 인식하여 하나님의 능력과 지혜를 구하는 것입니다. 겸손한 자는 하나님 앞에서 스스로 자랑하는 것을 버리고 낮추며 하나님께 긍휼을 구합니다.

"그가 환난을 당하여 그의 하나님 여호와께 간구하고 그의 조상들의 하나님 앞에 크게 겸손하여 기도하였으므로 하나님이 그의 기도를 받으시며 그의 간구를 들으시니"(대하 33:12-13상)

겸손한 자는 회개의 삶을 통해 새사람이 됩니다

하나님의 사람은 겸손히 회개함으로 하나님의 뜻을 이루며 나아갑니다 (14-18절). 요시야 왕은 하나님의 말씀을 듣고 회개하였습니다. 회개는 우리의 삶이 말씀에 비추어질 때 일어나는 것입니다. 사람이 교만하면 하나님의 말씀을 멀리하고 불순종하게 됩니다. 그러나 하나님의 말씀은 우리를 겸손하게 하여 삶을 변화시키는 능력이 있습니다. 하나님의 말씀을 듣고 순종할 때 변화의 능력을 체험합니다.

영혼이 지쳐 있던 웨슬레는 올더스게잇에서 예배 인도자가 루터의 로마서 주석 서문을 읽을 때 마음이 뜨거워지고 심령에 회개와 부흥이 일어났습니다. 방탕했던 어거스틴은 밀라노의 암브로시우스의 설교 말씀에 감동을 받고 변화되었습니다. 존 뉴우턴은 노예선에서 술과 여자와 도박으로 방탕한 생활에 젖어 있을 때 우연히 배에 있는 성경책을 펴고 말씀을 읽다가 찔림을 받고 회개하여 새사람이 되었습니다.

요시야 왕을 바꾼 것도 하나님의 말씀이었습니다. 하나님이 원하시는 것은 겸손한 마음으로 말씀 앞에서 자신을 비추고 회개하여 말씀대로 살아가는 것입니다. 그렇게 하나님의 말씀에 순종하는 삶을 살아가는 자들에게 하나님은 사랑과 은혜를 입혀주시고, 참된 안식과 평안을 허락하십니다.

"사람의 마음의 교만은 멸망의 선봉이요 겸손은 존귀의 길잡이니라"(잠 18:12)

겸손한 자들에게는 은혜를 주십니다

사람의 능력은 한계가 있습니다. 그리스도인들은 하나님을 떠난 사람은 아무것도 아님을 고백해야 합니다. 겸손한 사람은 자신의 부족함을 압니다. 그러나 교만한 사람은 자신이 교만한 사람인지 모르고 부족함을 인정하지 않습니다. 또한 교만한 사람은 능력이 많으신 하나님을 의지하지 않습니다. 잠언 기자는 교만은 패망의 선봉이요 거만한 마음은 넘어짐의 앞잡이라고 교훈하고 있습니다(잠 16:18). 하나님은 교만한 자를 대적하시지만, 겸손한 자들에게는 은혜를 주십니다(벧전 5:5; 잠 18:12)

하나님이 얼마나 겸손을 좋아하시는지 므낫세 왕을 통해서 알 수 있습니다(대하 33:10-13). 환난 중에 므낫세 왕은 하나님 앞에 겸손히 나아가 기도합니다. 그의 기도를 들으신 하나님은 므낫세를 다시 세우십니다. 지금 환난 중에 있다면, 므낫세 왕과 같이 자신의 한계를 주님 앞에 겸손히 내려놓고 주님의 은혜를 간구해야 합니다.

프랑스 대통령 포항가리는 그의 은사 라비스 박사의 교육 50주년 기념식에 참석했습니다. 답사를 하기 위해 단상에 오른 라비스 박사는 깜짝 놀랐습니다. 내빈석도 아닌 재학생석 뒷자리에 포항가리 대통령이 앉아 있었기 때문이었습니다. 황급히 단상에서 내려가 대통령을 단상으로 모시려고 했습니다. 그러나 대통령은 끝내 사양하면서 "선생님, 저는 제자입니다. 오늘의 주인공은 선생님이십니다"라고 말했습니다. 장내는 박수갈채가 터져 나왔고, 포항가리 대통령은 더욱 명성 높은 대통령이 되었습니다. 허세나 수단과 방법을 동원하여 높아진 자는 결코 오래가지 못합니다. 그러나 하나님의 능하신 손 아래서 겸손하면, 때가 되면 하나님이 높여주십니다(벧전 5:6).

"젊은 자들아 이와 같이 장로들에게 순종하고 다 서로 겸손으로 허리를 동이라 하나님은 교만한 자를 대적하시되 겸손한 자들에게는 은혜를 주시느니라"(벧전 5:5)

겸손한 사람은, 하나님의 은혜 없이는 하루도 살 수 없음을 고백하며 하나님을 더 의지합니다.

섬김의 사역으로 천국의 삶을 이루는 '겸손'

겸손은 나는 본질적으로 아무것도 아니고 내 것은 아무것도 없으므로
내 삶의 모든 것은 하나님께서 주신 선물임을 인정합니다.

바울은 옥중서신을 통하여 빌립보 교인들에게 예수 그리스도의 겸손을 보이라고 강조했습니다. 이것은 교회 일치를 위한 권면이었습니다. 자신을 낮추고 남을 높이는 겸손한 마음이 없이는 남을 돌아볼 수 없으며, 서로가 한마음 한뜻을 이룰 수 없습니다. 바울은 빌립보 교회에 겸손의 모범을 보이신 예수님을 소개했습니다. 예수님은 자신의 능력을 과시하지도 않으셨고, 자신을 위해서는 아무것도 소유하지 않으신 겸손의 삶을 사셨습니다.

성경에는 겸손한 성품으로 예수님을 깜짝 놀라게 한 사람이 있습니다. 그가 바로 가버나움에 주둔하고 있던 군인들의 우두머리인 백부장입니다. 그

소그룹 인도

사도신경 : 다 같이 │ 찬송 : 369장(통 487) │ 기도 : 회원 중 │ 본문말씀 : 빌 2:1-11
새길말씀 : 빌 2:3 │ 헌금 찬송 : 455장(통 507) │ 헌금 기도 : 회원 중 │ 주기도문 : 다 같이

는 로마 장교의 신분인데도 주님 앞에 겸손히 무릎 꿇었습니다. 자기의 종이 아파하는 모습을 보고 백부장은 예수님만이 종의 고통을 해결할 수 있다고 믿었기에 겸손히 주님 앞에 무릎을 꿇었습니다. 그의 겸손은 사랑에서 나온 행동이었습니다. 주님이 말씀하신 겸손이 삶에 어떠한 모습으로 나타나는지 살펴보겠습니다.

자기보다 남을 낮게 여깁니다

"겸손한 마음으로 각각 자기보다 남을 낮게 여기고"라고 말씀합니다(3절). 이처럼 겸손은 하나님을 사랑하기에 자신을 낮출 수 있으며, 이웃을 사랑하기에 자신을 낮출 수 있습니다. 빌립보 교회가 하나 되기 위해서 먼저 자기보다 남을 낮게 여기는 마음이 우선되어야 했습니다. 겸손은 빌립보 교회에만 필요한 성품이 아니라 우리가 속해 있는 공동체를 든든히 세우기 위해서도 반드시 필요합니다. 겸손함이 없으면, 우리는 자신이 옳다고 주장하며, 다른 사람을 인정하지 못하고 무시합니다. 결국, 다툼이나 허영으로 가게 되어 있습니다(3절). 다툼과 허영이 아닌 겸손함으로 그리스도 안의 권면, 사랑의 위로, 성령의 교제, 긍휼, 자비를 이루어야 합니다(1절).

"그러므로 하나님의 능하신 손 아래에서 겸손하라 때가 되면 너희를 높이시리라"(벧전 5:6)

자신의 일뿐만 아니라 다른 사람의 일도 돌아봅니다

사람은 누구에게나 자신이 소속한 곳에서 감당해야 하는 위치와 역할이 있습니다. 학생 시절에는 학생의 위치에서 역할을 감당해야 하고, 부모가 되어서는 자녀 앞에서의 위치와 역할을 감당해야 합니다. 이런 위치와 역할이 무너지면 가정이 무너지고 학교가 무너지며 사회가 무너져 내립니다. 모두가 자신의 위치와 역할을 책임지고 감당해야 합니다. 그러나, 겸손은 여기서 머물지 않고 다른 사람들을 돌아보는 데까지 나아갑니다. 이 세상을 살아가는데, 혼자 사는 사람은 없으며, 각자의 역할도 다른 사람과 함께 합니다. 자기 혼자서 잘한다고 되는 것이 아니라 모두가 함께 협력하여 이루는 것입니다.

　신앙생활도 자기만 알아 자기만 잘되라고 하는 것이 아닙니다. 하나님 앞에서 직분자는 다른 사람을 섬기는 자로서 서 있을 때, 자신의 위치와 역할을 잘 감당하는 것입니다. 교회에서 각자 맡은 직분을 가볍게 여기며, 교만한 마음을 가져서는 안 됩니다. 왜냐하면, 다툼과 허영으로 가기 때문입니다. 아무리 작은 일이라도 하찮게 여기지 않고 하나님이 세워주신 섬김의 직분의 책임을 감당해야 합니다. 이를 위해 그리스도인은 예수 그리스도의 마음을 본받아 겸손함으로 섬겨야 합니다.

"겸손과 여호와를 경외함의 보상은 재물과 영광과 생명이니라"(잠 22:4)

겸손한 성도는 주님께 도움을 구합니다

　겸손한 사람은 자신의 모든 삶이 주님의 은혜임을 알기에 주님의 도우심을 구하게 됩니다. 하나님이 쓰시는 사람들은 어떤 사람들입니까? 자신의 삶을 주님 앞에 맡기고 하나님 앞에 기도하는 사람들입니다. 하나님 앞에 겸손히 자신의 연약함을 인정하는 사람들은 기도의 무릎을 꿇습니다.

　가장 힘든 상황 속에 있는 다니엘은 바벨론 포로로 잡혀가서 바벨론의 총리까지 올라가서도 매일 세 번씩 하나님 앞에 겸손히 무릎을 꿇고 기도하였습니다. 그 기도 때문에 모함으로 사자 굴에 던져져 죽음의 지경에 이르게 됩니다. 하나님은 사자의 입을 막아 다니엘을 살리실 뿐만 아니라 다니엘을 참소한 자들을 멸하십니다.

　겸손한 성도는 하나님께 자신을 맡기고 기도의 무릎을 꿇음으로 하늘의 뜻을 이 땅에 이루며 살아갑니다. 예수 그리스도를 주인으로 모시고 살아가기 위해 모든 사람들과 모든 그리스도인은 겸손히 예수의 이름 앞에 무릎 꿇어야 합니다(10-11절). 세상 모든 사람이 주님께 겸손히 무릎 꿇을 때까지 겸손한 그리스도의 마음을 가지고 하나님 나라를 선포하며 살아가야겠습니다. "여호와께서는 자기 백성을 기뻐하시며 겸손한 자를 구원으로 아름답게" 하십니다(시 149:4).

"여호와여 주는 겸손한 자의 소원을 들으셨사오니 그들의 마음을 준비하시며 귀를 기울여 들으시고"(시 10:17)

교만한 자를 하나님께서는 대적하지만, 겸손히 주님께 나아가는 자는 하나님의 지혜와 능력을 힘입어 날마다 승리의 삶을 살아갑니다.

제 7계명

간음하지 말라!

현대를 흔히 '3S의 시대' 라고 부르고 있습니다. 영화와 텔레비전, 매스컴과 모든 인터넷 포함한 스크린(Screen), 스포츠(Sports), 성(Sex) 이 세 가지는 현대인들의 우상이 되어가고 있습니다. 많은 사람들이 스크린에 중독되고 맹목적으로 스포츠를 즐깁니다. 그 중에서도 타락한 성(Sex) 개방 문화를 주저함 없이 받아드리고 있는 현실 상황에 가장 아픔을 느낍니다. 상술의 도구로 이용당해 변질된 성 개방을 사람들이 문제로 인식하지 못한 사이 인터넷, TV 프로그램, 영화 등 수많은 매체를 타고 문화로 둔갑하고 있습니다. 심지어 대학가, 정치계, 언론계, 예술계, 종교계까지도 심심찮게 변질된 성 인식으로 인한 폐해의 소식들이 들려오고 있으니 문자

소그룹 인도

사도신경 : 다 같이 | 찬송 : 420장(통 212) | 기도 : 회원 중 | 본문말씀 : 출 20:14
새길말씀 : 출 20:14 | 헌금 찬송 : 211장(통 346) | 헌금 기도 : 회원 중 | 주기도문 : 다 같이

그대로 현대는 성의 홍수 속에 살고 있습니다.

다문화 다원주의 시대를 표방하는 현대인들 중에는 자신들의 죄를 정당화하기 위하여 간음이 과거에는 죄였지만 현대는 죄가 아니라고 말하는 사람도 있습니다. 그러나 하나님께서는 명확하고 엄중하게 '간음하지 말라'고 하셨습니다. 하나님께서 왜 우리에게 간음하지 말라고 말씀하셨는지? 그리고 어떻게 성 유혹을 물리칠 것인가에 대하여 살펴보겠습니다.

우리 몸은 거룩한 성전입니다

'간음'(Nahab)이란 '기혼자가 자기의 남편이나 아내 이외의 다른 이성과 가지는 성관계'를 말합니다. 성경은 간음뿐만 아니라 동성애, 매음 행위, 강간 등을 하나님의 창조원리에서 벗어난 죄라고 말씀하고 있습니다. 성경은 성욕이나 성생활 자체를 죄악시하지 않습니다. 도리어 '네 샘으로 복되게 하라 네가 젊어서 취한 아내를 즐거워하라'(잠 5:18)는 말씀 등 성경 곳곳에는 성생활이 하나님께서 주신 거룩한 복이요, 생명을 잉태하고 가정을 이루는 복의 통로 등으로 묘사하고 있습니다.

그러나 거룩한 성생활에 대한 성경의 가르침과는 달리, 현대인들의 성에 대한 생각이 개방되어가면서 성생활을 진실한 부부간의 사랑이 아니라 쾌락의 도구로 타락시켰습니다. 그 결과 혼전 성 경험이 급증했고 미혼모의 수가 늘어나고 있으며 이혼율도 급증하고 있습니다. 그리스도인들마저 성 도덕관이 세상의 영향을 받아 많이 세속화되고 있는 것이 현실입니다. 그러나 성경은 하나님의 사람들은 '이 시대를 본받지 말라'(롬 12:2)고 말씀하고 있습니다. 우리 그리스도인들의 몸은 성령이 거하시는 거룩한 성전입니다. 음욕과 정욕에 몸을 더럽히지 말고 성결하고 깨끗하게 살아가야 합니다.

"음행을 피하라 사람이 범하는 죄마다 몸 밖에 있거니와 음행하는 자는 자기 몸에 죄를 범하느니라 너희 몸은 너희가 하나님께로부터 받은바 너희 가운데 계신 성령의 전 인줄을 알지 못하느냐"(고전 6:18-19)

간음은 자신과 가정과 사회를 파괴시킵니다

간음에도 종류가 있습니다. 몸을 더럽히는 육체적 간음도 있지만, 마음의 간음도 있습니다. 예수님께서 "나는 너희에게 이르노니 여자를 보고 음욕을 품는 자마다 이미 마음에 간음하였느니라"(마 5:28)고 말씀하셨습니다. 주님 은 겉모습만 보는 것이 아니라 중심을 보십니다. 또한 성경에서 "간음한 여 인들아 세상과 벗된 것이 하나님과 원수 됨을 알지 못하느냐"(약 4:4)라고 말 씀하셨습니다. 즉 우상을 섬기고 세속에 빠져서 살 때 영적으로 간음한 것입 니다. 현재의 돈이나 권력에 빠져 하나님을 잊고 사는 것도 영적 간음입니다.

이러한 간음은 자신뿐만 아니라 가정과 사회를 파멸에 이르게 합니다. 하 나님의 나라는 순결한 나라입니다. 음욕으로 자신의 육과 영을 더럽힌 자들 은 하나님 나라에 들어갈 수 없습니다. 음욕에 빠진 자들의 최후는 처절한 심판이었습니다. 성경에 나오는 소돔과 고모라의 멸망원인은 바로 음행이었 습니다. 세계를 정복했던 로마의 멸망도 음란과 간음의 죄가 가져온 어둡고 무서운 최후였습니다. 개인에게도 마찬가지입니다. 마지막 때가 될수록 사탄 은 음욕으로 유혹합니다. 자신을 지켜 성결한 그리스도인이 되어야 합니다.

"…음행하는 자들과 점술가들과 우상숭배자들과 거짓말하는 모든 자들은 불과 유황으로 타는 못에 던져지리니 이것이 둘째 사망이니라"(계 21:8)

그리스도인은 간음죄를 이겨내야 합니다

그리스도인은 타락한 세상의 풍조에 떠밀려가는 존재가 아닙니다. 오히려 죄악 된 세상을 거룩함으로 이겨내는 사람들입니다. 그리스도인들이 죄를 이기는 방법에는 두 가지가 있습니다. 대적하는 것과 피하는 것입니다. 마귀는 대적하면 물러갑니다. 그러나 성적인 유혹은 피함으로써 승리할 수 있습니다. 요셉은 보디발의 아내가 유혹할 때 "내가 어찌 이 큰 악을 행하여 하나님께 죄를 지으리이까"(창 39:9)라고 소리치며 그 옷을 버려두고 도망하였습니다. 유혹 받을 수 있는 자리를 피하는 것이 간음죄에 대한 최대의 해결책입니다.

또한 성결하고 거룩한 삶을 위해 힘써야 합니다. 죄의 유혹은 항상 우리 문 앞에 있음을 알고 미혹되지 않도록 준비해야 합니다. 그리스도인의 거룩한 생활을 위해 힘써야 할 두 가지는 책임과 절제입니다. 나 자신의 성결함에 대한 책임, 아내와 남편에 대한 책임, 가정과 자녀에 대한 책임, 사회에 대한 책임의식을 가져야 합니다. 또한 절제하는 삶을 훈련해야 합니다. 그리스도인은 세상의 타락한 문화와 감정에 휘말려 죄를 짓지 않기 위해 절제를 실천해야 합니다. 절제는 나의 마음과 행동을 거룩하게 만듭니다. 세상의 유혹을 이긴 사람들은 책임과 절제를 실천하며 살았습니다. 게으름과 죄의 유혹에 빠지는 사람이 아니라 말씀과 기도로 묵상하며 자신을 살피고, 거룩한 일을 위해 부지런한 마음으로 책임과 절제의 삶을 살아갈 때 음욕의 유혹을 이겨낼 낼 수 있습니다.

"또한 너는 청년의 정욕을 피하고 주를 깨끗한 마음으로 부르는 자들과 함께 의와 믿음과 사랑과 화평을 따르라"(딤후 2:22)

성결한 삶이 성적으로 타락하고 문란한 사회를 거룩하게 만듭니다.

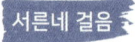

나를 향한 하나님의 기대, 책임

| **책임감**은 하나님과 다른 사람들이 내게 무엇을 기대하는지 알고 행합니다. |

성경에서는 단순히 육체적인 성적 범죄만을 간음으로 국한하지 않습니다. 하나님을 떠나거나 그분의 말씀을 따르지 않고 자신의 욕망을 따라 사는 삶도 영적 간음으로 여깁니다(대상 5:25; 렘 3:8; 호 4:13; 마 5:28; 약 4:4). 그러므로 예수님의 부르심 가운데 하나님의 새로운 피조물로 지음받고(고후 5:17), 화목의 직분을 받은(고후 5:18) 그리스도인들은 육신의 잣대로 살던 이전 삶을 버리고 하나님을 섬기는 삶을 살아야 합니다.

나아가 히브리서는 "모든 사람은 결혼을 귀히 여기고 침소를 더럽히지 않게 하라 음행하는 자들과 간음하는 자들을 하나님이 심판하시리라"(히 13:4)고 말씀합니다. 가정은 인간관계의 근간이자 출발점이고 간음으로 가

소그룹 인도

사도신경 : 다 같이 | 찬송 : 220장(통 278) | 기도 : 회원 중 | 본문말씀 : 고후 5:17-19
새길말씀 : 고후 5:18 | 헌금 찬송 : 570장(통 453) | 헌금 기도 : 회원 중 | 주기도문 : 다 같이

정이 파괴되면 사회뿐만 아니라 새로운 피조물이 되기 이전의 것 상태보다 더 타락한 상태가 될 수 있기 때문입니다.

따라서 예수 안에서 새로운 피조물이 된 모든 그리스도인에게는 가정과 사회의 화목을 지켜야 할 책임이 있습니다. 이러한 하나님의 기대를 알고 영육 간의 간음을 범하지 않는 것이 책임 성품입니다. 관계회복과 화목의 구체적 실천방법인 책임의 성품을 배우고 실천함으로 온전한 성결과 완전한 회복의 기쁨을 누리게 될 것입니다.

하나님의 기대를 아는 것이 책임감입니다

하나님께서 우리에게 화목의 직분을 맡기셨습니다(18절). 하나님과의 깨어진 관계를 회복하고, 새로운 피조물로 지음을 받은 존재로서 피조물 간의 화목을 지키며 사는 것이 하나님의 뜻이며 기대입니다. 이러한 기대를 알고 실천하는 것이 책임입니다.

그렇다면 그리스도인들이 책임을 다하는 삶은 어떻게 사는 것일까요? 하나님은 그리스도인들이 세상에서 감당해야 할 사명을 주셨는데, 그 사명을 감당하기가 쉽지 않습니다. 특히 우리에게 몸과 영으로 깨끗하고 순결하게 살 것을 명령하셨습니다. 노아의 홍수 시대와 소돔과 고모라 시대의 타락과 심판 때에는 경건한 그리스도인들이 너무도 부족했습니다. 지금 이 시대는 소돔 고모라 때보다도 더 타락하고 문란해졌습니다. 이러한 시대에 그리스도인들의 성결한 삶은 더욱 중요해졌습니다. 세속화된 죄악의 물결에 휩쓸려 살지 말고 하나님의 거룩함을 따라 순결한 믿음으로 살아야 합니다.

하나님은 독생자 예수님을 십자가에 죽이시기까지 우리를 사랑하셨습니다. 예수님도 우리를 사랑하셔서 십자가의 고난과 부끄러움을 개의치 않으시고 구원의 책임을 감당하셨습니다. 이렇듯 그리스도인들은 남편과 아내의 책임 있는 사랑을 통해 음란하고 타락한 세상을 거룩한 사랑으로 회복해야 합니다. 십자가의 사랑을 받은 사람으로서 주님의 성품을 본받아 가정과 사회에 책임을 다하는 삶을 살아야 하는 그리스도인의 사명이 있습니다.

"내가 거룩하니 너희도 거룩할지어다 하셨느니라"(벧전 1:16)

동반자의 마음으로 함께 합니다

이스라엘에서는 밭을 갈 때 황소와 암소 두 마리가 같은 멍에를 메고 끌고 갑니다. 따라서 두 마리는 보조가 맞아야 합니다. 양쪽 소를 번갈아가며 이쪽으로 몰기도 하고 저쪽으로 몰기도 하는데, 두 마리 소를 같은 보조로 몰기가 여간 힘든 일이 아닙니다. 두 마리가 똑같이 발을 맞추어 앞으로 나가야 하는데, 이것이 바로 멍에를 같이했다는 뜻입니다. '멍에를 같이했다' 라는 말은 주로 부부간의 관계를 말할 때 쓰거나 동업자 간에 이 말을 사용합니다. 동반자요 아주 가까운 협력자라는 말입니다. 이쪽이 무너지면 저쪽도 무너지고, 이쪽이 가면 저쪽도 가야 합니다. 이것이 동반자의 걸음입니다. 아내와 남편이 하나님 앞에서 순결하고 성결한 삶에 대한 책임감으로 살아갈 때 가정과 사회가 거룩하게 바뀌게 됩니다.

"아내들이여 자기 남편에게 복종하기를 주께 하듯 하라 … 남편들아 아내 사랑하기를 그리스도께서 교회를 사랑하시고 그 교회를 위하여 자신을 주심과 같이 하라"(엡 5:22-25)

세상에서 사명을 감당하며 살아갑니다

나를 향한 기대를 알고 나에게 주어진 모든 삶이 하나님의 것임을 깨달을 때 책임감 있는 삶을 살 수 있습니다. 하나님은 그리스도인에게 "화목하게 하는 직분"(18절)을 주셨습니다. 가정과 사회 속에서 그리스도인의 책임감을 가지고 살아갈 때 패역하고 음란한 세대에서 거룩함을 이루고 살아가게 됩니다. 가정과 사회에서 어떻게 순결하고 거룩한 책임감을 가지고 살아가야 할까요?

가정의 소중함을 알고 책임을 다해야 합니다. 가정에서의 역할이 얼마나 소중한지를 알 때 남편과 아내가 음란의 유혹을 이겨낼 수 있습니다. 다툼이나 분쟁은 마귀에게 속한 것으로 불행의 시작이 됩니다. "마른 떡 한 조각만 있고도 화목하는 것이 제육이 집에 가득하고도 다투는 것보다 나으니라"(잠 17:1)고 말씀하셨습니다. 남편과 아내가 서로 소중한 존재임을 알고, 서로 사랑을 고백하며 책임을 다할 때 마귀가 틈타지 못하는 화목한 가정을 세울 수 있습니다.

이웃의 소중함을 알고 빛과 소금의 책임을 다해야 합니다. 이웃은 하나님께서 우리에게 맡겨주신 영혼 구원의 대상자들입니다. 이웃이 예수 믿지 않는다고 해서 함부로 대하거나, 소홀히 해서는 안 됩니다. 그리스도인으로서 이웃이나 동료들에게 거룩하고 성결한 모습을 보일 때 전도의 문이 열리게 됩니다. 절제된 모습으로 환한 미소와 따뜻한 마음으로 동료들을 대하고, 술자리나 성적 조롱하는 자리에서는 말과 행동에 성결한 모습을 보여야 합니다. 이렇게 성결한 그리스도인의 모습을 실천하면 전도의 문이 열리고, 사회 공동체는 점점 거룩한 공동체로 변하게 됩니다.

"그러므로 땅에 있는 지체를 죽이라 곧 음란과 부정과 사욕과 악한 정욕과 탐심이니 탐심은 우상숭배니라 이것들로 말미암아 하나님의 진노가 임하느니라"(골 3:5-6)

그리스도인은 자신뿐 아니라 가정과 사회의 거룩함에 대한 책임감을 가져야 합니다.

행복의 가치를 높이는 책임감

| **책임감**은 하나님과 다른 사람들이 내게 무엇을 기대하는지 알고 행합니다. |

얼마 전 한 매스컴에서 발표한 내용에 따르면 한국의 출산율은 0.98명으로 세계에서 최하위이며, 이혼율은 세계 1위라고 합니다. 지금이 시대가 얼마나 가정을 등한시하고 책임이 없는지를 알 수 있습니다. 가정과 교회는 하나님이 친히 계획하시고 세우신 기관입니다. 가정에 있는 아내와 남편, 자녀들은 하나님께서 이 땅에 사는 동안에 주신 최고의 축복이며 창조의 터전입니다(3-4절). 가족들이 모여 주님을 찬양하며 기도하는 일은 천국의 모습입니다. 마귀는 하나님께서 선하게 창조하신 것들을 파괴하고 무너뜨리려고 합니다. 하나님의 형상을 닮은 인간을 타락시키더니, 이제는 가정을 파괴하려고 온갖 술수를 동원하고 있습니다. 하나님은 그리스도인들의

소그룹 인도

사도신경 : 다 같이 | 찬송 : 559장(통 305) | 기도 : 회원 중 | 본문말씀 : 시 128:1-6

새길말씀 : 시 128:3 | 헌금 찬송 : 235장(통 222) | 헌금 기도 : 회원 중 | 주기도문 : 다 같이

책임 있는 삶을 통해 가정을 지키고 교회를 지키시기를 원하십니다. 그래서 제7계명인 "간음하지 말라"는 계명을 주셨습니다. 세속적인 간음이 아니라 참된 그리스도의 사랑을 실천할 때 진정한 행복을 맛보게 됩니다. 간음하지 말라는 말씀을 실천하기 위해 책임 있는 그리스도인의 삶이 무엇인지 살펴보 겠습니다.

진정한 행복의 가치는 오직 하나님뿐임을 고백합니다

마귀는 창조의 능력이 없기에 하나님의 선하신 창조물들을 파괴합니다. 하 나님께서 선하신 것을 창조하시면 마귀는 비슷한 것을 만들어 사람들을 미 혹합니다. 하나님께서 부부간의 선하신 사랑을 창조하시고 생육하고 번성하 게 하셨습니다. 마귀는 성적 쾌락을 만들어 사람들을 사랑과 간음을 혼돈 하게 하고 음욕으로 타락하게 만듭니다. 또한 물질의 풍성함을 통해 재물을 선하게 사용하는 것이 하나님의 뜻인데, 마귀는 사람의 마음을 타락시켜 물 질을 내 정욕대로 사용하며 죄짓는 일에 쓰게 합니다. 하나님의 사랑이 아닌 마귀의 유혹에 빠져 성적으로 타락한 삶을 사는 사람들은 행복할 수 없습니 다. 오히려 더 깊은 좌절과 공허감에 빠지고 맙니다.

주님은 "여호와를 경외하며 그의 길을 걷는 자마다 복이 있도다"(1절)라고 말씀하고 있습니다. 사람은 세상의 쾌락과 정욕을 누린다고 행복하지 않습니 다. 왜냐하면 하나님께서 사람에게 하나님의 영을 주셨기 때문입니다. 주님 과 동행하고 주님의 계명을 따를 때 세상이 줄 수 없는 행복과 평안을 가질 수 있습니다. 오직 주님을 경외하는 성결한 삶 속에서 최고의 가치 있는 삶 을 살 수 있습니다. 하나님만이 진정한 행복을 줄 수 있기 때문입니다.

"평안을 너희에게 끼치노니 곧 나의 평안을 너희에게 주노라 내가 주는 것 은 세상이 주는 것과 같지 아니하리라 너희는 마음에 근심하지도 말고 두

려워하지도 말라"(요 14:27)

육적, 영적 간음에 빠지지 않습니다

"간음하지 말라"는 말씀은 이 땅의 삶에서 꼭 지켜야 할 계명입니다. 그리스도인은 세상 사람들보다 도덕적 윤리적 가치관이 더 높아야 합니다. 예수님께서 "나는 너희에게 이르노니 음욕을 품고 여자를 보는 자마다 마음에 이미 간음하였느니라"(마 5:28)고 하셨는데, 이는 그리스도인들이 세상 사람들보다 더 높은 수준으로 몸과 마음을 거룩하고 성결하게 지켜야 함을 말씀하신 것입니다. 이렇듯 그리스도인들은 더 높은 자존감과 책임감으로 "성전인 우리의 몸"(고전 6:19)을 더럽히지 않도록 경성해야 합니다.

또한 우리는 육체뿐만 아니라 우리의 영도 성결하고 거룩하도록 지켜야 합니다. 계명에서 말씀하신 "간음하지 말라"는 명령은 도덕적 행위만을 강조한 것이 아닙니다. 성경은 육체적 간음뿐만 아니라 영적 간음도 엄중하게 경고하고 있습니다. 영적 간음은 하나님보다 다른 것을 더 사랑하고 마음에 품는 일입니다. 돈이나 학력, 권력, 명예, 쾌락을 하나님보다 더 사랑하게 된다는 영적 간음죄에 빠진 것입니다. 사도 바울은 "땅에 있는 지체를 죽이라 곧 음란과 부정과 사욕과 악한 정욕과 탐심이니 탐심은 우상숭배니라"(골 3:5)고 하였습니다. 탐심이 곧 우상숭배이며 영적 간음입니다. 하나님 보다 다른 것을 사랑하는 것은 하나님께 간음죄를 범한 것입니다. 주님의 십자가 사랑을 우리 마음에 더욱 채워갈 때 마귀의 유혹을 이기는 승리의 삶을 살아가게 됩니다.

"간음한 여인들아 세상과 벗된 것이 하나님과 원수 됨을 알지 못하느냐 그런즉 누구든지 세상과 벗이 되고자 하는 자는 스스로 하나님과 원수되는 것이니라"(약 4:4)

가정과 사회에서 하나님 나라를 회복하게 됩니다

하나님 나라는 우리가 죽어서만 가는 곳이 아닙니다. 이 땅에서도 하나님 나라를 경험하며 살 수 있습니다. 주님이 다스리시고 통치하시는 곳이 하나님 나라입니다. 우리 가정에 주님이 함께하시고 다스리면 가정이 하나님 나라가 됩니다. 믿음 안에서 아내와 남편이 책임을 다하고, 부모와 자녀가 책임을 다하며 거룩하게 살아갈 때 가정은 주님이 함께하시는 천국이 됩니다. 하나님 나라를 마음에 품고 사는 사람은 삶을 소중하고 귀하게 여깁니다.

그러나 욕심과 정욕에 마음을 뺏겨버린 사람은 천국의 행복을 경험할 수 없습니다. 하나님 나라의 행복은 심령이 가난해져야 맛볼 수 있는 비밀이 있습니다. 성결하고 거룩한 삶을 통해 천국의 기쁨을 경험한 사람은 이 세상의 시시한 쾌락이나 향락에 마음을 빼앗기지 않습니다. 이 땅의 삶의 현장에서 믿음의 책임을 다하며 살아가는 그리스도인은 주님 안에서 성결한 지혜와 평안을 맛보며 천국의 소중함을 고백하며 살아갑니다. 성결하고 거룩한 책임을 다하는 모습이 세상 속에서 하나님 나라를 보여줄 수 있는 방법입니다.

"하나님 나라는 볼 수 있게 임하는 것이 아니요 또 여기 있다 저기 있다고도 못하리니 하나님나라는 너희 안에 있느니라"(눅 17:21)

진정한 행복은 성실한 마음으로 책임을 다할 때 회복됩니다.

정욕을 이기는 생활, 절제

| **절제**는 성령의 시험들을 통과한 결과로 얻게 되는 성령의 능력입니다. |

세속적인 사람과 진실한 그리스도인의 차이는 절제에서 나타납니다. 그리스도인들이 예수님을 닮아가기 위해서는 무엇보다도 훈련해야 할 성품이 바로 절제입니다. 제7계명인 간음하지 말라는 명령은 세속화된 세상 속에서 절제의 삶을 살라는 말씀입니다. 사람이 동물과 구분되는 것이 절제에서 나타납니다. 현대에 절제하지 못하는 사람들을 통하여 무서운 범죄와 성적으로 타락한 모습들을 쉽게 볼 수 있습니다. 무섭고 더러운 죄를 양심에 조금도 거리낌 없이 행하는 것은 사탄의 모습인 짐승의 영을 받았기 때문입니다. 예수님께서 모세에게 주신 간음에 대한 율법을 완성하시면서"마음에 음욕을 품고 여자를 보는 자마다 이미 간음죄를 범한 것"(28절)이라고

소그룹 인도

사도신경 : 다 같이 | 찬송 : 342장(통 395) | 기도 : 회원 중 | 본문말씀 : 마 5:27-30
새길말씀 : 마 5:28 | 헌금 찬송 : 314장(통 511) | 헌금 기도 : 회원 중 | 주기도문 : 다 같이

하셨습니다. 하나님의 진실한 사랑은 몸의 순결을 지키게 하고 영적으로 주님을 더 사랑하여 영혼의 순결을 지키게 합니다. 영육간에 간음죄에 빠지지 않기 위하여 구체적으로 절제의 성품을 훈련하고 실천해야 합니다. 온전한 성결과 타락한 세상을 이기는 승리의 삶을 위하여 성경적인 절제에 대해 살펴보겠습니다.

하나님의 기쁨을 추구하며 훈련하게 됩니다

절제(切除, Self-control)의 성경적 의미는 그릇된 욕망을 물리치고 계속하여 옳은 일을 행하는 것입니다. 여러 환경 속에서 나를 시험하는 요소들을 성령의 도움으로 이겨낸 결과로 생겨나는 성령의 은사입니다. 성경에 "탐심이 곧 우상숭배"(골 3:5)라고 말씀하셨듯이 탐심에 빠지면 헤어 나오기가 어렵습니다. 그래서 절제의 반대는 탐닉입니다. 마귀는 세상의 죄악 된 달콤한 것들로 그리스도인을 유혹하며 공격하고 있습니다. 그중에 가장 큰 하나가 바로 성적 탐심인 간음입니다. 노아 홍수 때보다도, 소돔과 고모라 때보다도 성적으로 더 인간의 마음을 타락시키고 있습니다. 동성연애, 혼음, 간음 등 온통 성적인 더러운 죄를 범하면서도 수치심보다는 오히려 더 자랑스럽게 떠들고 있는 시대입니다. 이러한 시대에 그리스도인들은 더욱 절제를 훈련하여 세속화에 떠내려가지 않는 성결한 삶을 지켜내야 합니다. 절제의 은사는 마귀의 시험을 성령의 도우심으로 이겨낼 때 주시는 성령의 열매입니다. 나의 의지와 결심으로는 이겨낼 수 없습니다. 오직 성령님의 도우심을 기도하며 절제를 훈련할 때 사탄의 유혹을 이겨낼 수 있습니다. 요셉처럼 성적인 욕구를 물리치고 하나님이 기뻐하시는 삶을 살아야 합니다.

"오직 성령의 열매는 사랑과 희락과 화평과 오래 참음과 자비와 양선과 온유와 절제니 이 같은 것을 금지할 법이 없느니라"(갈 5:22-23)

세상보다 하나님을 더 사랑하게 됩니다

현대사회는 매우 다양하고 복잡한 세상 문화들로 가득 차 있습니다. 마귀는 이러한 현대사회의 문화를 이용하여 음란서적, 음란 사이트, 음란한 영상물 등을 통해 사람들을 미혹하고 있습니다. 마귀의 세속적인 문화는 하나님보다 쾌락과 향락을 더 사랑하도록 만들어 버렸습니다. 그리스도인들은 이 시대의 문화 풍속을 이해하고 음란한 마귀의 유혹에 빠지면 안 됩니다. 읽는 것, 보는 것, 말하는 것 등을 통해 마귀의 문화를 깨뜨리고 그리스도의 문화를 세상에 심는 자가 되어야 합니다.

시편에 "내가 주의 말씀을 지키려고 발을 금하여 모든 악한 길로 가지 아니하였사오며"(시 119:101)라고 고백하고 있습니다. 이 고백처럼 성도의 발을 금하여 오직 선을 행하는 길로 걸어가는 그리스도인의 삶을 살아야 합니다. 예수님께서도 '재물보다 하나님을 더 사랑하라'(마 6:24)고 하셨습니다. 재물을 사랑하고 세상을 사랑하는 사람은 가룟 유다처럼 결국 주님을 버리고 떠나가게 됩니다. 세상의 유혹을 이기는 힘은 주님을 더 사랑하는 마음입니다. 그리스도인은 마귀의 음란한 유혹에 빠지지 않을 뿐만 아니라 혹 죄에 넘어졌을지라도 속히 회개하고 주님께 돌아와야 합니다. 마귀의 타락한 문화에 넘어지는 자가 아니라 세상을 이기는 자로 살아가야 합니다.

"악에게 지지 말고 선으로 악을 이겨라"(롬 12:21)

좋은 생각과 영생의 열매를 거두게 됩니다

예수님은 율법을 완성하기 위해 오신 분입니다(마 5:17). "간음하지 말라"는 율법에 대해 예수님은 "나는 너희에게 이르노니 음욕을 품고 여자를 보는 자마다 마음에 이미 간음하였느니라"(28절)고 하셨습니다. 이 말씀을 통해 사람의 생각이 중요함을 배울 수 있습니다. 예수님은 사람이 마음에 음욕을 품을 때, 즉 생각만 해도 간음죄를 범했다고 하셨습니다. 이것은 생각의 중요성을 깨우쳐 주시는 말씀으로 사람의 모든 행동이 결국 생각에서 나오는 것을 말씀하신 것입니다. 그리스도인들은 예수님 생각, 거룩한 생각을 품고 선한 행동을 실천해야 합니다. 음욕뿐만 아니라 식탐, 폭언, 게으름, 분노 장애 등 모든 행동하는 부분들도 절제의 영역임을 반드시 기억해야 합니다.

무엇보다 하나님의 말씀으로 훈련해야 합니다. 하나님의 말씀은 살아있는 검과 같고, 능력이며 권세가 있습니다(히 4:12). 그러므로 말씀을 묵상하고 기도하는 시간을 정기적으로 가져야 합니다. 말씀을 읽고 묵상할 때 하나님의 마음을 알게 되고 세상의 욕심과 죄로부터 자신을 지키는 힘을 얻게 됩니다. 육신의 썩어질 것을 심는 자는 나중에 크게 애통하며 후회할 썩어질 것을 거두게 됩니다. 그리스도인은 하나님의 말씀으로 잘 훈련하여 성령으로부터 오는 좋은 영생의 열매를 맺어야 합니다.

"자기의 육체를 위하여 심는 자는 육체로부터 썩어질 것을 거두고 성령을 위하여 심는 자는 성령으로부터 영생을 거두리라"(갈 6:8)

절제는 세상의 그 무엇보다 주님을 더 사랑하기 위해 훈련하는 것입니다.

정욕의 유혹을 대적하라

| **절제**는 성령의 시험들을 통과한 결과로 얻게 되는 성령의 능력입니다. |

사 람들은 우리가 하나님께 얼마나 큰 사랑을 받았는지 망각하며 살아 갑니다. 죄에 대한 깨달음이나 애통하는 마음도 없이 하나님의 사 랑은 잊은 채 자신의 정욕과 욕심만을 탐닉하고 있습니다. 극악해진 이기심 으로 자신의 욕구만 채우는 일에 혈안이 되어 가정도, 이웃도 눈에 보이지 않습니다. 외모는 멋지고 풍성해 보이지만 마음은 정욕의 싸움과 다툼으로 이미 더럽혀 질대로 더러워진 시대입니다. 이러한 시대를 향한 주님은 "내가 거룩하니 너희도 거룩하라"(레 19:2)고 외치고 계십니다. 그리스도인은 주님 의 이 말씀을 크게 들어야 합니다. 사람의 모든 싸움과 다툼은 마귀가 주는 정욕에서 시작됩니다(2-3절). 그러므로 그리스도인은 성결하고 깨끗한 양심

소그룹 인도

사도신경 : 다 같이 | 찬송 : 544장(통 343) | 기도 : 회원 중 | 본문말씀 : 약 4:1-4
새길말씀 : 약 4:4 | 헌금 찬송 : 407장(통 465) | 헌금 기도 : 회원 중 | 주기도문 : 다 같이

으로 마귀의 정욕을 물리쳐야 합니다. 십자가에 나의 정욕을 못 박아 버리고 성령의 은혜 안에서 절제의 열매를 맺는 삶은 하나님이 기뻐하십니다. 그렇다면 절제를 통해 어떤 삶을 살아갈 수 있는지 살펴보도록 하겠습니다.

세상의 정욕과 욕망을 이기게 합니다

신실한 그리스도인들은 하나님께서 원하시는 뜻이 무엇인지를 올바르게 분별해야 합니다. 그러나 세상의 정욕과 쾌락에 빠지게 되면 하나님의 음성을 듣지도 못하고 영적으로 무감각한 상태에 이르게 됩니다. 이런 사람은 하나님의 도구로 쓰임 받을 수 없습니다. 죄의 욕심과 정욕이 하나님과의 관계를 막았기 때문입니다. 사사 시대에 삼손은 다른 어떤 사사들보다도 특별한 은혜와 능력을 받았습니다. 하지만 세상의 욕망과 쾌락에 마음을 빼앗겨 절제의 균형을 잃고 말았습니다. 하나님의 특별한 은혜와 능력을 받았음에도 불구하고 삼손은 더이상 쓰임 받지 못하고 비참하게 생을 마치게 됩니다(삿 16:18-21).

반대로 요셉은 보디발 아내의 유혹을 받았지만 정직하고 깨끗한 신앙 양심으로 음욕의 유혹을 이겨냈습니다. 하나님 앞에서 절제된 모습으로 살아갈 때 마귀의 유혹과 세상의 타락한 정욕을 이길 수 있습니다. 그리스도의 군사로 절제를 잘 훈련하여 세상을 이기는 승리자의 모습이 오늘날 그리스도인의 모습이 되어야 합니다.

"사랑하는 자들아 거류민과 나그네 같은 너희를 권하노니 영혼을 거슬러 싸우는 육체의 정욕을 제어하라"(벧전 2:11)

세상을 사랑하는 영적 간음에서 벗어나게 합니다

우리의 삶에서 하나님보다 다른 것을 더 사랑하는 것은 영적으로 간음한 것이며 하나님과 원수가 되는 것으로(4절), 하나님이 가장 싫어하시는 것은 우상숭배입니다. 우상숭배는 하나님보다 다른 것을 더 사랑하는 것인데, 이 것을 성경에서는 탐심이라고 했습니다. 쾌락을 사랑하는 탐심, 정욕을 더 좋 아하는 탐심, 재물을 더 믿고 사랑하는 탐심 등 많은 종류의 우상들이 있습 니다.

세상을 사랑해서 주님을 떠난 사람들이 성경에 나옵니다. 한 청년은 율법 을 어려서부터 잘 지켰지만, 재물이 많아서 주님의 제자가 될 수 있는 기회 를 포기하고 세상으로 향하고 맙니다(막 10:21-22). 또한 민수기에는 발람 선지자 이야기가 나옵니다. 발람 선지자는 발락의 많은 재물에 현혹되어 하 나님의 말씀을 정직하게 예언하지 않고 발락이 원하는 대로 예언을 합니다. 그러다가 자신이 타고 다니는 나귀에게 망신을 당하고 하나님께 큰 책망을 받게 됩니다(민 22:21-30). 결국 재물에 대한 욕심과 탐심이 선지자의 사명 을 망각하게 했습니다. 세상의 정욕과 욕심대로 사는 사람은 반드시 주님이 심판하실 때 탄식하며 후회하게 됩니다. 경건한 믿음으로 세상의 유혹을 이 기고 절제의 삶을 살아갈 때 하나님께 사랑받고 칭찬받는 그리스도인이 될 수 있습니다.

"한 사람이 두 주인을 섬기지 못할 것이니 혹 이를 미워하고 저를 사랑하 거나 혹 이를 중히 여기고 저를 경히 여김이라 너희가 하나님과 재물을 겸 하여 섬기지 못하느니라"(롬 12:21)

하나님과 좋은 교제를 나누게 합니다

사람이 누구와 교제하느냐는 매우 중요합니다. 에덴동산에서 아담과 하와 가 하나님과 교제하며 살아갈 때는 매일의 삶이 행복이고 예배였습니다. 그 러나 뱀의 유혹에 빠져 뱀과 교제하다가 선악을 알게 하는 나무의 과실을 따 먹고 불순종과 교만의 죄에 빠져 에덴동산에서 쫓겨났습니다. 지금 자신의 삶을 돌아볼 때 세상의 유혹과 육신의 정욕대로 살고 있다면, 마귀와 교제를 나누고 있는 상태입니다. 마귀와의 교제가 처음에는 달콤하고 좋아 보이지만 결국은 파멸과 심판의 저주뿐입니다.

정욕과 쾌락의 유혹에도 하나님과 교제하는 사람은 말씀을 묵상하며 절제하고 거룩한 길을 걸어갑니다. 이런 사람은 하나님과 교제하며 시냇가에 심은 나무처럼 풍성한 열매를 맺게 됩니다(시 1:2). 마귀가 주는 음란과 향락의 유혹에도 믿음으로 절제하는 사람은 하나님과 교제하는 복된 사람입니다. 절제하며 주님을 묵상하는 사람에게는 마귀가 틈탈 기회가 없습니다. 절제는 마귀의 유혹을 물리치고 말씀 안에서 주님과 교제하는 것이며 풍성한 열매를 많이 맺게 되므로 매일의 삶이 행복이고 감사가 됩니다.

"너희는 믿지 않는 자와 멍에를 함께 메지 말라 의와 불법이 어찌 조화되며 빛과 어둠이 더찌 사귀며 그리스도와 벨리알이 어찌 조화되며⋯⋯"(고후 6:14-15)

절제는 하나님과의 교제를 통하여 세상을 이기는 능력입니다.

제 8계명

도둑질하지 말라!

십계명 중 제8계명은 "도둑질하지 말라"입니다. 도둑질이란 자기의 욕망을 채우기 위해 남이 수고하고 노력한 것을 훔치거나 빼앗는 행위입니다. 아담이 불순종으로 타락한 이후부터 사람들은 거짓, 폭력, 살인 등 수단과 방법을 가리지 않고 남의 것을 자기 것으로 취하려 합니다. 이러한 도둑질은 결과적으로 자신과 타인 즉, 하나님의 백성 모두에게 피해를 주는 점에서 마귀의 성품이고, 악한 행동이라 할 수 있습니다. 도둑질은 하나님이 정해놓으신 질서를 파괴하고 인간관계를 깨뜨리며 인류를 멸망으로 이끌어갑니다(요 10:10). 심지어 하나님과의 관계도 깨어지도록 합니다.

하나님께서는 마귀로 인해 깨어진 관계를 회복시키시고 이스라엘 공동체

소그룹 인도

사도신경 : 다 같이 | 찬송 : 40장(통 43) | 기도 : 회원 중 | 본문말씀 : 출 20:15
새길말씀 : 출 20:15 | 헌금 찬송 : 317장(통 353) | 헌금 기도 : 회원 중 | 주기도문 : 다 같이

를 지키도록 제8계명을 주셨습니다. 제8계명은 현대를 살아가는 그리스도인들에게도 하나님과의 관계, 이웃과의 관계, 자신과의 관계를 지키도록 하나님께서 주신 사랑의 계명입니다. 이 계명을 지키기 위해서 먼저 관계를 깨는 도둑질의 종류를 알아보고 어떤 성품이 필요한지 살펴보겠습니다.

남의 것을 내 것으로 삼는 모든 행위가 도둑질입니다

하나님께서는 각 지파에게 땅을 분배해주시고 경계표를 세우도록 하셨습니다. 그 경계표는 아무도 옮길 수 없습니다(신 19:14). 또한 각자의 소유도 허락하시고, 수고하고 노력하여 얻은 것으로 살아가게 하셨습니다. 그러나 욕망에 사로잡히고 잠시도 부족함을 참지 못하는 사람들은 '하나님을 경외하며 찾는 사람에게는 부족함이 없게 하시겠다'(시 34:9-10)라는 하나님의 약속에도 불구하고 도둑질을 해서라도 자기의 부족을 채우려 합니다.

다른 사람에게 손해를 입히는 도둑질의 유형을 살펴보면, 첫째로 다른 사람의 것을 내 것처럼 취하여 손해를 입히는 경우입니다. 다른 사람의 글이나 작품을 표절하거나, 다른 사람이 수고한 결과를 자기가 한 일처럼 자랑한다든지, 다른 사람의 기술이나 아이디어를 빼돌리는 일, 노동자의 임금을 착취하는 일 등입니다. 부모의 재산을 자기 것처럼 사용하여 부모에게 손해를 끼치는 일 또한 도둑질입니다(잠 28:24). 둘째로 다른 사람을 속여서 손해를 입히는 경우입니다. 두 개의 저울추나 두 종류의 되를 두거나(신 25:13-14), 서류를 거짓으로 작성하거나, 물건의 질이나 양을 속이거나, 이중장부를 작성하거나, 높은 수익이 보장되는 것처럼 선전하는 다단계 등입니다. 셋째로 재판 과정에서 위증을 하거나, 진실보다는 다수의 편을 들어 부당하게 판결하거나, 부자의 편을 들거나 가난한 사람의 편을 드는 일 등은 도둑질입니다(출 23:1-3). 이처럼 남의 것을 내 것으로 삼고 내 것처럼 사용하는 모든 행위가 도둑질입니다. 그리스도인은 내 소유만큼이나 이웃의 소유를 존중해야 합니다.

"네 손이 선을 베풀 힘이 있거든 마땅히 받을 자에게 베풀기를 아끼지 말며"(잠 3:27)

은혜를 외면하는 것이 도둑질입니다

손해를 끼치는 것뿐 아니라 은혜를 외면하는 것도 도둑질입니다. 말세의 징조로 나타나는 현상 중 하나로 부모를 거역하는 일과 하나님보다 쾌락을 더 사랑하는 일입니다(딤후 3:1-4). 세상에 공짜는 없습니다. 하나님의 은혜를 입었으면 그 은혜를 갚아야 하고, 부모의 은혜, 이웃에게 받은 은혜 또한 갚아야 합니다.

하나님께서 우리를 하나님의 영광을 위해 창조하셨기에 그에 합당한 영광을 돌려야 합니다(사 43:21). 하나님은 독생자 되신 예수 그리스도를 이 땅에 보내셔서 십자가에서 우리의 죄를 대신하여 죽게 하심으로 우리를 구원하셨습니다. 구원받은 우리는 값으로 산 것이 되었으니 그 은혜를 알고 하나님께 영광 돌리는 삶을 살아야 합니다(고전 6:20). 자기중심으로 교만하고 자기를 자랑하는 사람은 은혜를 외면한 자이고, 하나님께 돌려야 할 영광을 도둑질한 자입니다. 헤롯이 연설할 때 사람들이 신의 소리라고 환호했습니다. 그때 영광을 하나님께 돌리지 않은 헤롯을 치심으로, 영광을 가로채는 모든 이들을 경고하셨습니다(행 12:21-23).

하나님은 '부모를 모독하는 자들은 죽이라'(신 21:18-21)고 하실 정도로 부모의 은혜를 귀하게 여겼습니다. 압살롬은 부모의 은혜를 무시하고 반역을 꾀하면서 사람들의 마음을 도둑질했습니다(삼하 15:2-6). 그는 결국 요압에 의해 비참하게 죽임을 당합니다(삼하 18:14-15). 그리스도인은 하나님의 은혜는 물론, 부모의 은혜를 갚아 합당한 영광을 돌려야 합니다. 나아가 이웃에 받은 은혜뿐 아니라 하나님께 거저 받은 은혜를 이웃에게 갚아야 하는 빚진 자임을 잊지 말아야 합니다.

"여호와의 이름에 합당한 영광을 그에게 돌릴지어다 제물을 들고 그 앞에 들어갈지어다 아름답고 거룩한 것으로 여호와께 경배할지어다"(대상 16:29)

하나님의 것을 도둑질하지 말아야 합니다

말라기 선지자는 '이스라엘 백성들이 하나님의 것을 도둑질했다'라고 말하면서 '십일조와 봉헌물'(하나님께 드리기로 구별된 예물, 전리품 등)을 도둑질했다고 지적하였습니다(말 3:8). 예수님은 "가이사의 것은 가이사에게, 하나님의 것은 하나님께 바치라"(마 22:21) 하심으로 모든 것이 하나님의 것임을 말씀하셨습니다. 이처럼 십일조와 봉헌물을 하나님의 것으로 구별하라고 가르쳐 주신 것은 우리에게 주어진 모든 것이 하나님으로부터 왔음을 인정하도록 하기 위함입니다. 하나님께서는 십일조와 봉헌물을 제외한 나머지를 가지고도 부족함이 없도록 복을 주셨습니다. 절약하면 저축할 수 있고, 어려운 이웃도 도울 수 있습니다. 십일조나 봉헌물을 구별하지 않고 도둑질하는 이유는 하나님의 주권을 믿지 않기 때문이며, 탐욕 때문입니다.

모든 것은 하나님께서 내게 맡기신 것으로 여기는 청지기 정신을 가진 사람은 하나님의 것을 구별할 뿐 아니라, 검약 정신을 가지고 나머지 것을 지혜롭게 관리하여 하나님이 원하시는 곳에 사용합니다. 또한 하나님께서 귀한 것을 내게 맡기신 은혜를 아는 사람은 매사에 감사합니다. 은혜에 감사하는 사람은 받기보다는 나누려고 합니다. 감사함으로 나누는 사람은 '주면 넘치도록 주실 것'(눅 6:38)이라는 약속의 말씀대로 더욱 넘치게 채우시는 은혜를 경험하게 됩니다. 이런 사람은 다른 사람의 것을 탐내거나 도둑질하지 않습니다.

"그가 우리를 위하여 목숨을 버리셨으니 우리가 이로써 사랑을 알고 우리도 형제들을 위하여 목숨을 버리는 것이 마땅하니라"(요일 3:16)

하나님의 주권을 믿으면 도둑질할 이유가 사라집니다.

보물을 하늘에 쌓는 '검약'

| **검약**은 하나님께 더 많이 돌려드리려고 현명하게 투자하여 나의 자원을 늘립니다. |

보물을 땅에 쌓아 두지 말라는 말씀은 이 세상이 전부인 것처럼 세상에서 풍요를 누리기 위해 재물을 모으지 말라는 말씀입니다. 그리고 하나님 나라에 소망을 두고 하나님 나라에서 살기 위한 준비를 하라는 말씀입니다. 이 세상보다 하나님 나라에 소망을 두고 살려면 검약의 성품이 필요합니다. 우리에게 주어진 자원은 원하는 대로 사용하려 하면 늘 부족합니다. 그러나 지혜롭게 관리하면 모든 사람이 부족함이 없이 사용하고도 남습니다. 사람들이 도둑질을 하는 이유는 갖고있는 것이 부족하다고 생각되어 더 가지려는 욕망 때문입니다. 그러나 이 욕망은 끝이 없습니다. 욕망을 채우기 위해 재물을 땅에 쌓아 두는 것은 지혜롭지 못합니다. 왜냐하면 재물이 많

소그룹 인도

사도신경 : 다 같이 | 찬송 : 327장(통 361) | 기도 : 회원 중 | 본문말씀 : 마 6:19-24
새길말씀 : 마 6:21 | 헌금 찬송 : 50장(통 71) | 헌금 기도 : 회원 중 | 주기도문 : 다 같이

으면 부패하게 되고, 재물을 노리는 도둑 때문에 늘 불안합니다.

검약은 재물을 지혜롭게 관리해서 하나님 나라를 위해 더 많은 물질을 사용하도록 하는 것입니다. 보물을 하늘에 쌓아 두기 위해 어떤 성품이 필요한지 살펴보겠습니다.

하늘에 소망을 두어야 합니다

검약은 무조건 아끼는 것을 의미하지 않습니다. 검약은 물질의 주인이 누구인지 알기에 하나님이 우리에게 맡기신 재물을 하나님의 영광을 위해 지혜롭게 사용합니다.

대부분의 사람들이 재물을 땅에 쌓아 두려는 이유는 첫째, 어렵게 재물을 얻기 때문입니다. 불볕더위나 혹한에 일을 한다든지, 때로는 목숨을 담보로 일을 하여 재물을 얻기에 소중합니다. 둘째, 유비무환(有備無患) 즉 환란의 때를 대비하기 위함입니다. 셋째는 좋은 옷, 좋은 차, 넓은 땅, 좋은 집 등을 소유하여 풍요롭게 살고 싶어 하는 마음입니다. 넷째, 재물의 위력을 알기 때문입니다. 재물이 있으면 자신이 원하는 일을 할 수 있으며, 죽어가는 자도 살릴 수 있기 때문입니다. 이런 생각으로 재물을 땅에 쌓아 두거나 육신의 정욕대로 사용하는 사람이 얼마나 어리석고 하나님께 인색한 사람인지 말씀합니다(눅 12:21-22).

하늘에 소망을 두는 사람은 하나님이 내게 주신 복을 흘려보낼 수 있습니다. 그리고 복이 계속 들어오는 기적을 경험할 수 있습니다. 만일 받은 복은 많은 데 적게 흘려보내거나 아예 흘려보내지 않으면 썩어버리거나 둑이 터집니다. 그래서 있는 것마저도 사용할 수 없게 됩니다.

"주라 그리하면 너희에게 줄 것이니 곧 후히 되어 누르고 흔들어 넘치도록 하여 너희에게 안겨 주리라 너희가 헤아리는 그 헤아림으로 너희도 헤아림

을 도로 받을 것이니라"(눅 6:38)

하늘에 보물을 쌓기 위해 검약이 필요합니다

보물(재물)을 '하늘에 쌓아두라'는 말씀은 하나님의 백성으로 하나님 나라에 소망을 가지고 재물을 거룩한 일, 생명을 살리는 일에 사용하라는 말씀입니다. 예수님은 "썩을 양식을 위하여 일하지 말고 영생하도록 있는 양식을 위하여 하라"(요 6:27)고 하셨습니다. 이 세상의 것들은 지나가지만 오직 하나님의 뜻대로 행하는 것만이 영원합니다(요일 2:16-17).

대부분의 경우 수고하면 수고한 만큼 재물을 얻을 수 있습니다. 그럼에도 부족하게 느끼는 이유는 주신 재물을 불필요한 곳에 사용할 뿐만 아니라 낭비하기 때문입니다.

하나님이 주신 재물을 하나님의 뜻에 따라 사용하려면 검약의 성품이 필요합니다. '검약'은 하나님께 더 많이 돌려드리려고 현명하게 투자하여 나의 자원을 늘리는 것입니다. 시간과 물질을 현명하게 투자해서 시간을 벌고, 재물을 모아 하나님 나라를 위해 더 많은 일을 할 수 있도록 해야 합니다. '검약'은 모든 것이 하나님의 것임을 인정하고 하나님의 뜻대로 사용하고자 할 때 나타나는 성품입니다.

모든 것이 하나님의 것이지만, 이 땅에 사는 동안 재물은 하나님의 것, 이웃의 것, 나의 것으로 구분합니다. 이 구분이 명확하지 못하면 때로는 하나님의 것도, 이웃의 것도 내 것처럼 여깁니다. 바른 물질관을 가질 때, 하나님의 뜻에 맞게 바르게 물질을 사용할 수 있습니다. '검약'은 이 구분을 명확히 하지만 나를 위해서는 최소한의 것을 사용하고, 더 많은 것을 이웃을 위해 사용하려는 성품입니다.

"가난한 자를 불쌍히 여기는 것은 여호와께 꾸어 드리는 것이니 그의 선행을 그에게 갚아 주시리라"(잠 19:17)

재물은 마음을 따라 움직입니다

'하나님 나라에 마음을 둔 사람'은 늘 하나님이 원하시는 일이 무엇인가를 생각하고 물질을 사용합니다. 사람들은 자기의 관심 분야에 재물을 사용합니다. 외모에 관심이 많은 사람은 외모에, 스포츠에 관심이 많은 사람은 좋은 품질의 스포츠 용품을 구입하는 일에, 낚시를 좋아하는 사람은 고가의 낚시용품 구입을 자랑스럽게 여깁니다.

그러나 이 땅에 하나님 나라를 세우는 일에 관심이 있는 사람은 자기의 재물을 이웃을 섬기는 일에 사용합니다. 아이들이 말씀으로 세워지기를 바라는 사람은 아이들의 영적인 성장을 위해 시간과 물질을 드리는 일을 기쁘게 여깁니다. 영혼 구원에 관심을 가진 사람은 한 영혼을 위해 많은 재물을 쏟아 부어도 아깝게 여기지 않습니다. 한 사람을 믿음으로 세우기 위해 자기의 몸을 돌보지 않고 헌신하기를 즐거워합니다. 선교현장에 도움이 필요할 때 돕기를 주저하지 않습니다. 이는 모두 그 마음이 하나님 나라에 있기 때문입니다.

초대교회 성도들은 복음을 위해 자기 것을 자기 것으로 여기지 않았습니다. 바나바는 자기의 밭을 팔아 드렸습니다(행 4:36-37). 하나님의 뜨거운 사랑을 경험한 사람들은 그 마음이 하나님 나라에 있기에, 하나님을 위해 기꺼이 자신의 모든 것을 드리며 헌신했습니다.

"하나님은 이르시되 어리석은 자여 오늘 밤에 네 영혼을 도로 찾으리니 그러면 네 준비한 것이 누구의 것이 되겠느냐 하셨으니 자기를 위하여 재물을 쌓아 두고 하나님께 대하여 부요하지 못한 자가 이와 같으니라"(눅 12:20-21)

절약이란, 재물을 나보다 이웃을 위해, 이웃보다 하나님 나라를 위해 사용합니다.

사치를 몰아내는 '검약'

| **검약**은 하나님께 더 많이 돌려드리려고 현명하게 투자하여 나의 자원을 늘립니다. |

예수님은 자기에게 나아온 많은 사람들이 굶주리는 것을 보고 마음 아파하시며 그들을 먹이기 원하셨습니다. 그러나 그곳은 먹을 것을 구할 만한 장소도 아니고, 먹을 것을 살만한 돈도 없었습니다. 단지 어린아이 도시락이 하나 있을 뿐이었습니다. 예수님은 그 도시락으로 오천 명이 넘는 사람들을 배불리 먹이셨습니다. 그리고 버리는 것이 없도록 남은 조각을 거두라 하셨습니다. 이를 통해 '검약'의 중요성을 가르치고자 하셨습니다.

사람들은 양식을 구하기 위해 수고할 뿐 아니라 심지어 전쟁을 벌이기도 하고 도둑질도 합니다. 예수님이 보여주신 오병이어의 이야기를 통해 우리의 필요가 어디로부터 공급되는지, 주신 자원을 어떻게 관리하고 사용해야 하

소그룹 인도

사도신경 : 다 같이 | 찬송 : 405장(통 458) | 기도 : 회원 중 | 본문말씀 : 요 6:10-13
새길말씀 : 요 6:12 | 헌금 찬송 : 311장(통 185) | 헌금 기도 : 회원 중 | 주기도문 : 다 같이

는지 살펴보겠습니다.

인간의 욕망은 채워지지 않습니다

어른들 가운데 도시락을 가지고 온 사람이 있었겠지만, 어린아이의 도시락만 주님 앞에 드려졌습니다. 나누고자 하는 어린아이의 순수한 마음이 작은 도시락을 주님 앞에 드리게 했던 것입니다. 주님 앞에 드려진 떡 다섯 개, 물고기 두 마리는 많은 사람을 배불리 먹이고도 남았습니다.

땅의 것에 집착하는 사람, 즉 자신의 수입을 오직 자신만을 위해 사용하려는 사람은 더 많은 것을 얻기 위해 끊임없이 노력합니다. 그러나 그 노력은 나누기 위함이 아니라 더 편안한 삶과 더 많은 것을 즐기기 위함입니다. 그래서 수입이 많아도 늘 부족함을 느낍니다. 적게 얻어서 부족한 것이 아니라 욕구가 계속 커지고, 자기가 원하는 만큼 채워지지 않아서 부족함을 느끼고, 부족함을 채우기 위해 남의 것을 탐내고 도둑질합니다. 예수님은 이런 사람들에게 오병이어의 기적을 통해, 인간의 필요가 하나님의 은혜로 채워짐을 보여주셨습니다.

"거머리에게는 두 딸이 있어 다오 다오 하느니라 족한 줄을 알지 못하여 족하다 하지 아니하는 것 서넛이 있나니"(잠 30:15)

하나님의 자원은 풍성합니다

떡 다섯 개와 물고기 두 마리로 오천 명 이상의 사람들을 먹인다는 것은 인간의 상식으로는 이해가 되지 않습니다. 그러나 하나님은 이 작은 도시락으로 오천 명을 부족함이 없이 먹이셨습니다. 하나님은 무에서 유를 창조하시는 분입니다. 하지만 우리가 아무 일도 하지 않아도 역사하시는 분은 아닙니다. 이 말씀에 담긴 교훈을 생각해봅니다.

첫째는 하나님을 의지하여 수고하는 이에게 풍성하게 주십니다. 떡 다섯 개와 물고기 두 마리 안에 부모의 수고와 정성이 담겨 있습니다. 우리가 땀 흘리는 수고 없이도 무작정 주시는 분이 아니십니다. 땀도 흘리지 않고 수고도 하지 않고 얻으려 하는 사람들은 도둑이요, 불한당(不汗黨)입니다. 하나님은 그 말씀에 순종하며 자기 가정을 세우기 위해 아침에 일찍 일어나고 늦게 눕는 수고를 아끼지 않는 부지런한 사람에게 복을 주십니다(시 127:1-2).

둘째는 하나님을 경외하는 사람에게 풍성하게 채우십니다. "너희 성도들아 여호와를 경외하라 그를 경외하는 자에게는 부족함이 없도다 젊은 사자는 궁핍하여 주릴지라도 여호와를 찾는 자는 모든 좋은 것에 부족함이 없으리로다"(시 34:9-10) 도시락을 가진 사람들이 있었을지라도 하나님을 사랑하고 경외하는 어린아이만 자기의 도시락을 내어놓았습니다. 도시락이 크고 작은 것은 문제가 되지 않습니다. 아무리 작은 것이라도 예수님의 손에 들려지는 순간 풍성해집니다.

"여호와는 나의 목자시니 내게 부족함이 없으리로다"(시 23:1)

그리스도인은 자원을 소중히 여깁니다

오천여 명이 넘는 사람들이 배부르게 먹고도 남았습니다. 예수님은 남은 것을 버리지 말고 거두라고 하셨습니다. 예수님이 '남은 것을 거두라'고 하심은 배고픈 사람들을 위해 사용하기 위함과 어떤 자원이든 소중하게 다루기 위함이었습니다. 사람들은 공짜로 주어지는 것은 낭비하는 경향이 있습니다. 그러나 예수님은 모든 자원은 하나님께로부터 오는 것으로 어떤 자원도 낭비하지 않으셨습니다.

검약의 성품이 생활화되면 낭비하지 않습니다. 우리는 너무나 많은 것을 가지고 있고, 필요 이상으로 사용합니다. 옷이 옷장에 넘치고, 신발이 신발장에

넘칩니다. 식생활뿐만 아니라 생필품을 최소한으로 사용해야 합니다. 생필품을 최소한으로 줄이면 쓰레기도 줄어듭니다. 그러므로 그리스도인은 검약의 삶을 통해 최소한의 것으로 살아야 하고, 가능한 한 물품을 재활용해야 합니다. 그리고 이웃을 위해 사용하여 하나님 나라를 세워가야 합니다.

그리스도인이 사치와 과소비를 일삼는 것은 하나님의 물질을 낭비하는 것이며, 하나님의 물질에 대한 청지기적 사명을 감당하지 못하는 것입니다. 왜냐하면 내것이라고 생각하는 모든 것, 즉 생명과 시간 그리고 재물과 재능 등 우리가 사용하는 모든 것(공공자원과 자연 등)이 하나님으로부터 받았고, 하나님의 것이기 때문입니다(고전 4:7). 검약의 생활은 우리 모두를 풍성하게 합니다.

"지극히 작은 것에 충성된 자는 큰 것에도 충성되고 지극히 작은 것에 불의한 자는 큰 것에도 불의하니라"(눅 16:10)

욕망은 많은 것을 갖고도 만족하지 못하나,
검약은 하나님 나라를 위해 적은 것으로도 만족합니다.

은혜를 아는 이의 최고의 표현 '감사'

| **감사**는 하나님과 다른 사람들이 내 삶에 혜택을 준 것에 대하여 진심으로 고마움을 표현합니다. |

예수님은 세상의 빛으로 오셨습니다. 그러나 많은 사람들이 그 빛을 알아보지 못하고 받아들이지 않았습니다(요 1:9-10). 예수님 당시 나병은 전혀 소망이 없는 질병이었습니다. 그들은 가족과 공동체로부터 격리되었습니다. 소망이 없는 나병 환자 열 명이 예수님을 만났습니다. 그들은 간절히 부르짖었고, 예수님은 그들의 간절한 부르짖음을 들으시고 제사장에게 가서 너희 몸을 보이라 하셨습니다. 그들은 제사장에게 가는 도중에 치료되었습니다. 그 중에 사마리아 사람만 예수님께 찾아와 하나님께 영광을 돌리며 감사드렸습니다.

열 명이 모두 은혜를 입었지만 한 사람만 그 은혜에 감사했습니다. 예수님

소그룹 인도

사도신경 : 다 같이 | 찬송 : 436장(통 493) | 기도 : 회원 중 | 본문말씀 : 눅 17:11-19
새길말씀 : 눅 17:15-16 | 헌금 찬송 : 321장(통 351) | 헌금 기도 : 회원 중 | 주기도문 : 다 같이

은 절망적인 나병환자들에게 어떻게 빛이 되셨으며, 어떻게 그들이 치료받았는지 그리고 찾아와 감사한 사마리아 사람이, 추가로 받은 은혜를 통해 감사의 중요성을 살펴보겠습니다.

예수님은 절망적인 사람에게도 빛이십니다

감사는 하나님과 다른 사람들이 내 삶에 혜택 준 것에 대해 진심으로 고마움을 표현하는 것으로, 놓치는 감사가 없는지 늘 돌아봐야 합니다. 큰 것뿐만 아니라 작은 것, 일상적인 것에 감사할 때 더 큰 복을 받을 수 있습니다. 치료받은 열 명의 나병 환자 중 한 사람만이 예수님 앞에 엎드려 감사했습니다.

당시에 나병은 저주받은 병이었습니다. 나병에 걸리는 순간 그의 인생에서 모든 희망이 사라집니다. 시간이 지나면서 몸은 더 망가지고 날마다 지옥 같은 삶이 계속될 뿐입니다. 몸이 망가지는 것도 고통스럽지만, 가족들과 공동체로부터 격리되어 어떤 사회적인 활동도 할 수 없다는 것이 그들을 더욱 고통스럽게 했습니다. 이들은 병을 고치기 위해 모든 수단을 다 동원했을 것입니다. 이들에게 예수님에 대한 소식은 한 줄기 빛이었습니다. '예수님은 못 고치는 질병이 없다더라' '어떤 사람도 차별하지 않는다더라' '모든 사람들이 가까이 하기를 꺼려하는 부정한 사람들이라도 친절히 대하시며 치료하신다더라' 는 등의 소식은 절망적인 이들에게 한 줄기 빛이고, 기쁜 소식이었습니다.

마침 예수님이 그 마을로 지나신다는 소식을 들었고 먼발치서 예수님을 보았습니다. 아무리 예수님이 사람을 차별하지 않는다 해도 감히 가까이 갈 수 없었습니다. 그래서 "예수 선생님이여 우리를 불쌍히 여기소서!"라고 부르짖었습니다. 이들의 부르짖음에 예수님이 즉각 응답하셨습니다.

"예수께서 또 말씀하여 이르시되 나는 세상의 빛이니 나를 따르는 자는

어둠에 다니지 아니하고 생명의 빛을 얻으리라"(요 8:12)

순종이 기적을 불러왔습니다

예수님은 나병 환자들의 부르짖음에 "가서 제사장들에게 너희 몸을 보이라"고 말씀하셨습니다. 나병 환자들은 예수님의 말씀에 그대로 순종했습니다. 이해가 되지 않는 상황이었습니다. 예수님이 상처를 만져주시지 않는다 해도, 상처를 보시거나 기도라도 해주실 줄 알았을 것입니다. 그런데 '제사장에게 가서 너희 몸을 보이라' 고 하십니다.

제사장에게 보일 때는 두 가지 경우입니다. 나병으로 의심이 갈 때 나병인지 아닌지 확인을 받기 위하여, 두 번째는 병이 나았을 때 완전하게 나았는지를 확인받기 위해서입니다. 예수님의 말씀은 나병이 나았는지 확인하기 위해 제사장에게 보이라는 말씀입니다. 이들은 순간 망설였을지 모릅니다. 그러나 이들은 지금 선택의 여지가 없습니다. 지금까지 많은 사람을 치료하신 그분이 말씀하시니 순종할 수밖에 없었습니다.

제사장에게 가면서 반신반의(半信半疑)했을지 모릅니다. 자신들의 생각과 달랐고, 자신들이 가지고 있는 정보와 달라 이해가 가지 않았지만 순종했습니다. 그런데 얼마 가지 않아 자기들의 몸이 깨끗해진 것을 발견합니다.

"너희가 즐겨 순종하면 땅의 아름다운 소산을 먹을 것이요"(사 1:19)

은혜에 감사하지 않으면 도둑입니다

열 사람이 동시에 나병이 깨끗하게 됨을 알았습니다. 모두 치료받는 그 순간, 한 사람은 자기를 치료하신 하나님께 영광을 돌립니다. 그리고 예수님께 달려와 엎드려 감사했습니다. 그는 사마리아인이었습니다. 사마리아인으로서 자기는 하나님의 은혜에서 제외된 사람인 줄 알았는데, 자기 같은 사람에게도 하나님께서 은혜를 베풀어주심을 감사하며 하나님께 영광을 돌렸습니다. 그리고 감사했습니다. 감사한 사마리아인은 구원을 선물로 받았습니다.

사마리아인을 제외한 다른 아홉 사람은 감사함을 잊은 채 사라져 버렸습니다. 저주의 병에서 치료받은 것이 너무 좋습니다. 이제부터 정상적으로 가족과 함께, 이웃과 더불어 살아 갈 수 있음이 너무 기뻐 마을로 달려가 가족과 이웃들과 이 기쁨을 나누었을 것입니다. 그러나 정작 치료하신 예수님께 감사해야 하는 것을 잊었습니다.

감사는 은혜를 아는 사람에게서 우러나오는 최고의 표현입니다. 은혜에 감사하는 것은 당연한 일입니다. 당연한 일을 행하지 않는다면 이는 잘못된 것입니다. 당연히 영광을 돌려야 함에도 영광을 돌리지 않는다든가, 이웃의 은혜, 부모의 은혜에 감사하지 않는다면 이는 도둑입니다.

영광을 돌려야 할 순간에 영광을 돌리지 않고, 감사할 때 감사하지 않는 사람은 자기중심적인 사람입니다. 마음이 메마른 사람입니다. 은혜를 모르는 아홉 명은 하나님의 은혜를 가벼이 여긴 사람들로서 병은 고쳤지만, 구원의 선물은 받지 못했습니다.

"나에게 이르시기를 내 은혜가 네게 족하도다 이는 내 능력이 약한 데서 온전하여짐이라 하신지라 그러므로 도리어 크게 기뻐함으로 나의 여러 약한 것들에 대하여 자랑하리니 이는 그리스도의 능력이 내게 머물게 하려 함이라"(고후 12:9)

감사하는 사람은 빛이 빛으로 보이고, 감사하는 사람이 기쁨으로 순종하며, 감사하는 사람에게 더 풍성한 은혜를 주십니다.

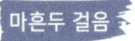

탐욕을 몰아내는 '감사'

| **감사**는 하나님과 다른 사람들이 내 삶에 혜택을 준 것에 대하여 진심으로 고마움을 표현합니다. |

도둑질은 탐심에서 비롯되는 행동입니다. 남의 물건이나, 남의 종이나, 남의 아내를 탐내기 때문에 도둑질을 합니다. 여리고 성을 무너뜨린 후, 아간이 전리품을 탐내 도둑질하여 하나님의 진노로 인해 가족이 모두 하나님의 심판을 받았습니다. 이스라엘 백성들은 감사할 줄 모르고 불평함으로 하나님의 진노를 받았습니다.

감사는 겸손하며 자족할 줄 아는 마음에서 나오고, 탐욕은 교만하고 자족할 줄 모르는 마음에서 나옵니다. 감사는 나의 나 됨은 하나님의 은혜임을 알고, 가족과 믿음의 형제들 더 나아가 이웃의 도움으로 살아가고 있음을 인정하는 마음에서 나오는 성품입니다. 하지만 탐욕은 하나님의 은혜를 무시

소그룹 인도

사도신경 : 다 같이 | 찬송 : 441장(통 498) | 기도 : 회원 중 | 본문말씀 : 민 11:4-10
새길말씀 : 민 11:8 | 헌금 찬송 : 216장(통 356) | 헌금 기도 : 회원 중 | 주기도문 : 다 같이

하는 태도에서 나오는 죄입니다. 감사하면 탐욕이 사라지고 만족하게 될 뿐 아니라 어떻게 인간관계가 회복되는지 살펴보겠습니다.

감사하면 탐욕이 사라집니다

애굽에서 탈출한 이스라엘 백성들이 먹을 것을 찾기 힘든 광야에서 살아갈 길이 막막했습니다. 이때 하나님은 매일 만나를 내려주셨습니다. 매일 주시는 만나는 은혜 중에 은혜입니다. 만나가 없었다면 이들은 굶어 죽을 수밖에 없었습니다. 하지만 이들 가운데 불평이 일어나기 시작하였습니다.

이스라엘 백성들 중에 섞여 살던 다른 인종들의 탐욕으로 시작된 불평이 순식간에 이스라엘 백성들에게로 번졌습니다. 이들이 광야에서 처음 만나를 먹었을 때 그 맛은 기름 섞은 과자처럼 맛이 있었습니다(8절). 그러나 시간이 지나면서 매일 같은 음식을 먹으니 처음과 같은 맛이 나지 않았습니다. 음식이 변한 것이 아니라 자신들의 입맛이 변했습니다.

몇몇 사람이 다양한 음식을 먹을 수 있었던 애굽에 있던 때를 회상하며 불평하기 시작했습니다. 그 불평은 온 백성에게 들불 번지듯이 퍼졌습니다. 세상에서 만족을 얻으려는 욕구는 채워지는 순간, 또 다른 욕구가 고개를 듭니다. 탐욕은 끝이 존재하지 않기 때문입니다. 그러나 하나님의 공급하심을 믿고, 하나님의 은혜를 생각하며 감사하면 탐욕의 마음이 사라집니다. 조건적인 감사는 오래가지 않습니다. 속사람의 변화가 없으면, 감사의 조건이 충족되면, 얼마 지나지 않아 다른 이유를 들어 불평, 불만을 늘어놓게 됩니다. 그러므로 감사의 성품이 우리 안에 배양되어야 합니다.

"할렐루야 여호와께 감사하라 그는 선하시며 그 인자하심이 영원함이로다"(시 106:1)

감사하면 만족하게 됩니다

불평과 불만, 자족하지 못하는 마음은 탐욕이 자라기에 최적의 환경입니다. 다른 인종들이 불평과 불만을 하더라도 이스라엘 백성들이 하나님의 은혜에 감사하며 자족하는 마음이 있었다면 흔들리지 않았을 것입니다. 감사와 자족함이 없었기에 어디선가 들리는 불평의 소리를 듣는 순간, 탐욕이 자라 불평하며 원망을 쏟아냅니다. 탐욕이 자라기 시작하면 그 마음에 모든 감사의 조건들, 긍정적인 요소들을 모두 삼켜버리고 부정적인 마음으로 채워집니다.

그러나 하나님의 은혜를 생각하며 감사하는 사람은 아무리 열악한 환경, 아무리 기대 이하의 조건, 내가 원치 않는 상황이 닥칠지라도 만족하게 됩니다. 감사는 기적의 물과 같습니다. 불평불만이 많은 자녀에게, 배우자에게 그리고 직장동료에게 감사의 물을 부으면 기쁨이 넘치고 만족하게 됩니다. 불평하고 좌절할 수밖에 없는 최악의 환경에 처한 사람이라도 감사의 조건을 찾을 수만 있다면 곧 생기를 찾게 됩니다.

감사하면 만족하게 되고 매사에 만족하면 감사하게 됩니다. 이는 우리의 뇌와 몸이 우리의 마음과 입술의 언어에 따라 반응하기 때문입니다. 그렇기에 "범사에 감사하라"(살전 5:18)고 하신 말씀대로 항상 감사하기를 훈련하여 자족하기를 배워야 합니다(빌 4:11).

"범사에 감사하라 이것이 그리스도 예수 안에서 너희를 향하신 하나님의 뜻이니라"(살전 5:18)

감사하면 관계가 회복됩니다

탐욕은 하나님과 불화(不和)를 일으키고 재앙을 가져옵니다(민 11:34). 뿐만 아니라 탐욕은 인간관계에도 갈등과 불화의 원인입니다. 탐욕의 마음을 가진 사람 곧 자신은 조금도 손해 보지 않으려 하고 오히려 상대방의 것을 취하려는 마음을 가진 사람은 모든 이들의 경계의 대상입니다. 이런 사람은 누구도 가까이하려 하지 않습니다.

때로는 손해를 보고, 무시를 당하고, 상처를 받더라도 감사하는 사람, 즉 범사에 감사하는 사람은 다른 사람을 포용할 수 있습니다. 당장의 불이익이나 상처는 누구나 견디기 힘든 일입니다. 그러나 주님을 생각하고 참고 감사하면 관계가 회복되는 기적이 일어납니다(벧전 2:19).

요셉은 가장 억울한 사람 중 한 사람이었습니다. 그러나 그는 불평하지 않았습니다. 그의 감사 생활은 하나님께 인정받았습니다. 이로 말미암아 요셉은 어디서 무슨 일을 하든 형통할 뿐 아니라 주인에게도 인정받았고, 감옥에서는 간수장들에게도 인정을 받았습니다(창 39:2-23). 감사함으로 살아온 요셉은 자기를 죽이려 했던 형들에게 "당신들은 해하려 했으나 하나님은 그것을 선으로 바꾸사 오늘과 같이 많은 백성을 구하려 하셨다"(창 50:20)라고 고백합니다. 요셉은 하나님의 은혜를 알고 항상 감사하며 살았기에 원수 같은 형들을 용서하고 좋은 관계를 유지할 수 있었습니다.

하나님을 기쁘게 하는 감사 생활은 그 사람의 원수라도 그와 더불어 화목하게 하십니다(잠 16:7)

"사람의 행위가 여호와를 기쁘시게 하면 그 사람의 원수라도 그와 더불어 화목하게 하시느니라"(잠 16:7)

불평불만이 많은 사람, 원수 같은 사람,
최악의 환경에 처한 사람에게 진심어린 감사의 말을 전해보세요.
기쁨이 넘치고 활력이 넘치며 당신을 좋아하게 될 것입니다.

제 9계명

네 이웃에 대하여 거짓 증거하지 말라!

십 계명의 제9계명은 "네 이웃에 대하여 거짓 증거하지 말라"입니다. 증거하다는 말은 '증명하는 증인이 되다' 라는 뜻을 가지고 있습니다. 따라서 제9계명은 법정과 같은 공석에서 '네 이웃에 대하여 거짓으로 증명(정죄)하는 말을 하거나 또는 거짓 증인이 되지 말라' 는 말씀으로 해석할 수 있습니다.

출애굽과 동시에 광야 생활을 했던 이스라엘 공동체에서도 사람과 사람 사이에 옳고 그름을 판단해야 하는 상황이 있었을 것입니다. 이때 어떤 사건에 대하여 거짓을 증언한다면, 거짓 증언으로 피해를 보는 사람은 물론이고 하나님의 공의와 이스라엘 공동체를 유지해 가는데 치명적인 상처와 혼란으

소그룹 인도 ─

사도신경 : 다 같이 | 찬송 : 321장(통 351) | 기도 : 회원 중 | 본문말씀 : 출 20:16
새길말씀 : 출 23:1-3 | 헌금 찬송 : 420장(통 212) | 헌금 기도 : 회원 중 | 주기도문 : 다 같이

182 십계명에 담겨진 하나님의 성품 찾아가기

로 작동할 것입니다. 특별히 아홉 번째 계명은 거짓증거를 하지 말아야 할 대상을 지정하고 있는데 그것은 바로 '네 이웃'입니다. 이웃은 '나란히 또는 가까이 있어서 경계가 붙어 있는 집이나 사람'을 가리키지만, 대의적으로는 자신과 삶을 함께 교류하는 인류 공동체까지 포함된다고 볼 수 있습니다. 나아가 이웃의 가장 작은 범위로 자기 자신을 가장 가까운 이웃이라고 말할수도 있습니다. 그러므로 거짓증거는 이웃과 공동체를 혼란으로 이끄는 죄악인 동시에 자신을 패망으로 이끄는 지름길입니다.

야고보는 "혀는 곧 불이요 불의의 세계라 혀는 우리 지체 중에서 온 몸을 더럽히고 삶의 수레바퀴를 불사르나니 그 사르는 것이 지옥 불에서 나느니라"(약 3:6)고 말합니다. 이것은 말을 제어하는 것은 매우 중요하며 사실과 진실, 정직에 기반하지 않은 거짓된 말은 삶의 바퀴를 불사를 정도로 강력하다는 것을 가르쳐주는 말씀입니다.

거짓말을 하지 말아야 합니다

거짓 증거란 죄 없는 사람을 거짓말로 모함하여 죄인으로 만드는 것을 의미합니다. 열왕기상 21장을 보면 거짓 증거의 본보기를 찾아볼 수 있습니다. 아합 왕은 나봇의 포도원을 갖고 싶어 했습니다. 그때 왕후 이세벨이 거짓 증인을 내세워 나봇이 하나님과 왕을 저주한 자라고 거짓 증거하도록 하여 나봇을 죽이고 포도원을 강탈한 일이 있습니다. 예수님도 제사장과 공회가 거짓으로 증거하여 죽임을 당하셨습니다(마 26:57-8). 이처럼 거짓 증거는 자기와 이해관계가 있는 사람을 이롭게 하기 위해 하는 경우도 있고, 직접적으로 남을 해치기 위해 하는 경우도 있습니다(잠 25:18). 어떤 것이든 거짓 증거는 관계를 깨트리는 죄악입니다.

요한복음 8장 44절은 "진리가 그 속에 없으므로 진리에 서지 못하고 거짓을 말할 때마다 제 것으로 말하나니 이는 그가 거짓말쟁이요 거짓의 아비가 되었음이라"라고 말하고 있습니다. 즉 사탄은 우리가 진리 편에 서지 못하도록 온갖 것으로 유혹하며 거짓으로 우리를 속입니다. 사탄은 처음부터 에덴동산에서 거짓 증거를 하였습니다. 그래서 주님은 사탄을 가리켜 '거짓말쟁이요 거짓의 아비'라고 말씀하셨습니다. 그러므로 거짓을 말하는 것은 사탄과 하나 되는 것이며 결코 용납할 수 없는 죄악입니다.

"무릇 더러운 말은 너의 입 밖에도 내지 말고 오직 덕을 세우는데 소용되는 대로 선한 말을 하여 듣는 자에게 은혜를 끼치게 하라"(엡 4:29)

신중하게 말을 해야 합니다

거짓 증거하는 죄를 짓지 않으려면, 말함에 있어서 신중해야 합니다. 말에는 그 사람의 인격과 품성이 담겨 있습니다. 그러므로 말을 잘못하면 남을 해치는 것은 물론 자기 자신의 품격을 여지없이 망가트립니다. 더욱이 남에 대해 말할 때는 미리 속단하지 말아야 합니다. 당사자의 상황과 이야기를 직접 듣는 과정이 있어야 하며 그럼에도 불구하고 꼭 말해야만 한다면, 이해와 사랑을 기반으로 말해야 합니다. 그리고 어떤 사람의 잘못에 대하여 말을 할 때도 장본인에게 사랑으로 권면하는 것이 옳습니다. 예수님도 비판하지 말라고 하시면서 너희가 비판하는 그 비판으로 비판을 받을 것이라고 가르치셨습니다(마 7:1-2).

에베소서 4장 29절은 말에 대해 세 가지 원칙을 가르쳐 줍니다. 첫째는 '오직 덕을 세우는 데 소용되는 말을 하라'고 가르쳐 줍니다. 여기서 덕은 상대방의 믿음을 세워주는 것을 의미합니다. 둘째는 '선한 말을 하라'고 가르쳐 줍니다. 다시 말하면 '하나님이 말씀하는 것같이 하라'는 의미입니다(벧전 4:11). 셋째는 '은혜를 끼치게 하라'고 가르쳐 줍니다. 이 말은 '상대방의 마음에 기쁨을 주고 힘을 주어 깨닫게 하는 말을 하라'는 것입니다.

"형제들아 무엇에든지 참되며 무엇에든지 경건하며 무엇에든지 옳으며 무엇에든지 정결하며 무엇에든지 사랑받을 만하며 무엇에든지 칭찬받을 만하며 무슨 덕이 있든지 무슨 기림이 있든지 이것들을 생각하라"(빌 4:8)

진실한 말을 해야 합니다

신앙생활이란 주님과 연합한 삶을 사는 것입니다. 내가 그리스도 안에 있고 그리스도의 말씀이 내 안에 있어야 주님과 진정한 연합을 이루는 삶을 살 수 있습니다. 그러기 위해서 반드시 진실해야 합니다. 진실성은 그리스도인의 근본 성품입니다. 하나님께서 인간을 창조하실 때 하나님의 형상을 따라 창조하셨기 때문에 그 형상의 실체는 바로 진실성입니다. 예수님의 말씀을 보면 "진실로"라는 말을 사용하여 말씀의 진실성을 강조하셨습니다. 그런데 사탄은 끊임없이 이 진실성을 공격하여 우리를 거짓되고 위선적인 사람으로 바꾸어 놓으려고 합니다. 우리가 거짓 증거를 하고 거짓말을 할 때 가장 먼저 하나님과의 관계가 깨어집니다. 그리고 이웃과의 관계도 깨어져서 서로 신뢰하지 못하는 관계로 전락하고 맙니다. 그러므로 영이신 하나님을 경외함으로 예배해야 하고 진실을 지키는 것이 바로 믿음을 지키는 것입니다. 무엇보다 진실을 생명으로 여기고, 말하기 전에 먼저 내 말이 진실한가를 점검하고 어떠한 상황에서도 거짓과 타협해서는 안 됩니다. 우리가 진실할 때 우리 안에 계신 성령이 기뻐하시고 이웃과도 진정한 화평을 이룰 수 있습니다.

"그런즉 거짓을 버리고 각각 그 이웃과 더불어 참된 것을 말하라 이는 우리가 서로 지체가 됨이라"(엡 4:25)

그리스도인은 언제나 진실한 말과 행동으로 화평한 관계를 이루어야 합니다.

진실한 삶을 살라

| **진실성**은 참되고 정확한 것을 삶과 말로 전달합니다. |

십계명 가운데 아홉 번째 "네 이웃에 대하여 거짓증거 하지 말라"라는 계명은 이웃과 깨어진 사랑의 관계를 회복하기 위해 주신 하나님의 명령입니다. 우리가 하나님의 사랑으로 가득 차 있을 때 참되고 정확한 것을 삶과 말로 전달할 수 있는 용기가 생겨납니다. 사람들이 거짓을 말하는 이유는 진실을 말했을 때 받을 비난이나 피해에 대한 두려움을 모면하기 위함이며 또한 현재 내 모습이 아닌 더 멋지고 훌륭한 모습으로 보이고자 하는 자기 사랑의 표현이라 할 수 있습니다. 거짓말을 해서라도 더 돋보이고 싶은 허영에 찬 마음이 거짓 증거를 만들어 냅니다. 우리는 하나님의 자녀로서 무엇보다 진실한 말을 하고 진실한 삶을 살아야 합니다. 어떤 말과 행동이 진

소그룹 인도

사도신경 : 다 같이 | 찬송 : 546장(통 399) | 기도 : 회원 중 | 본문말씀 : 삿 16:4-22

새길말씀 : 삿 16:17 | 헌금 찬송 : 321장(통 351) | 헌금 기도 : 회원 중 | 주기도문 : 다 같이

실한지를 삼손의 삶을 통해 살펴보겠습니다.

진실은 거짓이 없고 참됨을 의미합니다

진실은 참되고 정확한 것을 행동과 말로 표현하는 것입니다. 진실은 상호 신뢰를 바탕으로 하여 하나님과 사람, 사람과 사람과의 인격적인 교제에 있어서 가장 중요한 요소입니다. 하나님의 진실성은 이스라엘과의 언약(계약)에 명시되고 있습니다. 본문은 블레셋과의 금전적인 결탁 관계에 있던 드릴라가 삼손을 무너뜨리기 위해 삼손의 힘의 근원이 어디에서 나오는지 가르쳐 달라고 조릅니다. 드릴라를 사랑한 삼손은 몇 번이고 거짓말로 피하다가 결국 그 비밀을 사실대로 말하고 맙니다. 삼손의 행동이 사람에게는 진실할지라도 하나님과의 언약 관계에서는 진실하지 못한 행동이었습니다. 삼손이 진정으로 하나님께 진실한 사람이라면 그러한 유혹의 현장에 끌려다녀서는 안 될 뿐만 아니라 하나님의 나실인으로서 끝까지 언약을 지켜야 했습니다. 하나님은 우리가 진실한 마음으로 하나님께 나올 뿐 아니라 삶 속에서도 진실하게 살기를 원하십니다.

"정직하게 행하며 공의를 실천하며 그의 마음에 진실을 말하며"(시 15:2)

언제나 하나님 앞에 진실해야 합니다

삼손은 쾌락 가운데 있어도 충분히 자신의 안전을 지킬 수 있다고 착각했습니다. 그러나 결국 유혹에 넘어가 죄에 빠져 패배하고 말았습니다. 삼손이 하나님께 진실하지 못하였을 때 능력도 영광도 소망도 그를 떠났고 비참한 생활을 하게 되었습니다. 우리 역시 하나님과 함께하는 인생이 되어야 하며 하나님 없는 삶은 살 수 없다고 인정해야 합니다. 그런데 그 사실을 인정하지 않으려고 할 때가 많습니다. 이는 우리 안에 진실성이 없기 때문입니다.

우리는 하나님 앞에서 진실해야 합니다. 삼손이 하나님께 진실할 때 이스라엘의 큰 구원자가 되었지만, 진실성을 상실하였을 때 부끄러움과 수치를 받게 됩니다. 실패자가 아닌 승리자가 되기 위해서는 악인의 길을 가지 않고 오만한 자의 자리에 앉지 말아야 합니다. 이러한 삶이 진실한 삶이며 바로 하나님과 사람 앞에 참되고 정직한 것을 행동과 말로 나타내는 삶입니다.

"여호와께서 내 일에 대하여 말씀하시기를 만일 네 자손들이 그들의 길을 삼가 마음을 다하고 성품을 다하여 진실히 내 앞에서 행하면 이스라엘 왕위에 오를 사람이 네게서 끊어지지 아니하리라 하신 말씀을 확실히 이루게 하시리라"(왕상 2:4)

끝까지 진실을 지켜야 합니다

삼손은 처음부터 드릴라의 유혹을 단호하게 물리치지 못했습니다. 드릴라의 유혹쯤은 얼마든지 이겨낼 수 있다는 교만으로 꽉 차 있었습니다. 그래서 드릴라에게 계속해서 거짓말로 자기 힘의 비밀을 이야기했습니다. 그러나 끈질긴 유혹에 넘어가 자기 힘의 비밀을 이야기함으로 하나님과의 약속을 깨트리고 말았습니다. 이와 같이 죄의 유혹은 달콤하게 보이지만 결국 그 유혹을 이기지 못할 때는 파멸을 가져옵니다. 죄는 모양이라도 버리라는 주님의 말씀처럼 죄의 유혹을 단호하게 대처할 수 있는 결단력이 있어야 합니다. 그러나 삼손은 결단력도 하나님의 인도하심에도 민감하지 못했습니다. 머리에 삭도를 대지 말아야 했는데, 하나님보다 드릴라를 더 사랑하게 되었을 때 하나님을 향한 진실한 마음을 잃었습니다. 유혹에 빠진 삼손은 하나님의 성령이 떠났음도 몰랐습니다. 그 이유는 그가 영적으로 둔감해졌기 때문입니다. 영적으로 민감하기 위해서는 하나님의 말씀에 집중해야 합니다. 그리고 하나님의 뜻이 무엇인지를 먼저 생각하고 생활해야 합니다. 이럴 때 하나님의 뜻을 분별할 수 있고 다가온 유혹을 단호하게 물리칠 수 있습니다.

"그는 반석이시니 그가 하신 일이 완전하고 그의 모든 길이 정의롭고 진실하고 거짓이 없으신 하나님이시니 공의로우시고 바르시도다"(신 32:4)

끝까지 진실을 지킬 때, 하나님과의 친밀한 교제를 나눌 수 있습니다.

진실한 사람이 되라

| **진실성**은 참되고 정확한 것을 삶과 말로 전달합니다. |

교회를 박해하던 바울이 다메섹 도상에서 예수님을 만난 후 회심하여 복음 전하는 데 앞장섰습니다. 이러한 바울의 변심에 화가 난 유대인들은 바울을 죽이려고 했지만, 하나님의 도우심으로 다메섹을 떠나 예루살렘으로 갔습니다. 그런데 정작 예루살렘에서 사도들조차 바울의 회심을 진심이라고 믿어주지 않았습니다. 불과 얼마 전까지만 해도 예수 믿는 성도들을 박해하던 그를, 기억하는 사람들의 마음은 굳게 닫혀 있었습니다. 그런데 이때 바나바가 앞장서서 바울의 진심을 대변해주었습니다. 어쩌면 바울을 대변함으로 불이익을 당할 수도 있는 상황이었습니다. 그러나 그는 담대하게 사람들 앞에서 바울의 회심이 진실임을 선포했습니다. 그로 인해 예루

소그룹 인도

사도신경 : 다 같이 | 찬송 : 284장(통 206) | 기도 : 회원 중 | 본문말씀 : 행 9:26-31
새길말씀 : 행 9:27 | 헌금 찬송 : 397장(통 236) | 헌금 기도 : 회원 중 | 주기도문 : 다 같이

살렘 교회는 바울에 대한 경계를 풀고 형제로 받아들일 수 있었습니다. 이처럼 진실은 한 사람을 살리고 공동체를 회복하는 능력이 있습니다. 진실이 주는 교훈이 무엇인가를 살펴보겠습니다.

진실함으로 성도 간의 갈등이 해결됩니다

진실을 선포한 바나바를 통해 사도바울에 대한 오해가 해결되었고 예루살렘 교회는 한 사람의 동역자를 세우게 되었습니다. 그리고 하나님은 이방인을 위한, 복음 전파에 충성할 수 있는 일꾼을 얻게 되었습니다. 교회 공동체 안에는 여러 가지 갈등의 요소가 많습니다. 그때 우리의 관점은 하나님과의 관계를 바르게 세워가는 데 초점을 맞춰야 합니다. 그것이 때로 나에게 불이익이 되더라도 담대하게 진실을 말할 수 있어야 합니다. 진실의 힘은 하나님에게서 나오는 것입니다. 진실한 말은 하나님께서 책임져주십니다. 바나바가 바울의 진실을 사람들 앞에 당당하게 밝힌 것은 바울 자신에게만 유익을 주기 위함이 아니라 하나님 나라의 바른 질서를 회복하고 확장하고자 하는데 뜻이 있었습니다.

"너희가 전에는 어둠이더니 이제는 주 안에서 빛이라 빛의 자녀들처럼 행하라 빛의 열매는 모든 착함과 의로움과 진실함에 있느니라"(엡 5:8-9)

진실함으로 하나됨을 이룰 수 있습니다

진실한 사람 바나바는 바울을 데리고 사도들에게 가서 그가 길에서 어떻게 주를 보았는지, 주께서 그에게 하신 말씀은 무엇이며, 다메섹에서 그가 어떻게 예수의 이름으로 담대하게 말하였는지 증거해 주었습니다(27절). 바나바의 진실한 증거는 바울에게 경계심을 갖고 있던 제자들의 마음을 풀어주었으며 바울을 동역자의 한 사람으로 받아들이도록 했습니다.

때에 맞는 격려의 말을 해야 합니다. 시의적절한 말은 절망 속에 있는 사람에게 소망을 주고 상처 입은 사람에게 치료약이 되며, 자신의 결점으로 고민하는 사람들에게 자신에 대한 평가를 새롭게 하는 계기를 마련해 줍니다. 사도 요한도 "자녀들아 우리가 말과 혀로만 사랑하지 말고 행함과 진실함으로 하자"(요일 3:18)라고 말했습니다. 우리의 입술은 사람을 죽이기도 하고 살리기도 하는 힘을 갖고 있습니다. 그러므로 무엇보다 진실함으로 이웃을 대하고 이웃과의 더욱 친밀한 관계를 갖게 될 때 하나 됨을 이루어 하나님의 뜻을 이루는 공동체로 세워갈 수 있습니다.

"또 내가 하늘이 열린 것을 보니 보라 백마와 그것을 탄 자가 있으니 그 이름은 충신과 진실이라 그가 공의로 심판하며 싸우더라"(계 19:11)

진실함으로 하나님의 뜻을 이루어갑니다

진실한 자가 하나님의 뜻을 이룰 수 있는 것은 내주하시는 성령님이 기뻐하시기 때문입니다. 진실한 자는 말과 행동이 일치합니다. 입술에 거짓이 없고 게으르게 행동하지 않습니다. 진실과 성실은 하나님의 속성이며 거짓말과 게으름은 마귀의 속성입니다. 따라서 하나님을 닮은 그리스도인의 특징은 진실입니다. 그러므로 진실한 그리스도인은 세상 가운데 하나님의 뜻을 발견하고 그 뜻을 이루어갑니다. 진실한 사람 바나바의 말이 예루살렘 교회를 움직인 것처럼, 나의 말이 사람들에게 얼마만큼 영향력을 끼치고 있는지 생각해봅시다. 진실은 하나님을 믿는 믿음의 힘입니다. 농부가 씨앗을 뿌리기 전에 반드시 밑거름을 주어야만 단단한 뿌리를 세우고 싹이 자랍니다. 겉으로 근사한 것처럼 보여도 진실의 밑거름이 받쳐주지 않으면 성공은 거짓에 포장된 바람에 불과합니다. 그러므로 무엇보다 하나님 앞에서 자신을 돌아보고 감추어진 죄를, 고백하고 회개할 때 진실을 회복할 수 있습니다. 진실한 자만이 하나님이 함께하십니다. 결국 진실이 하나님의 뜻을 이루는 것입니다.

"자녀들아 우리가 말과 혀로만 사랑하지 말고 행함과 진실함으로 하자"(요일 3:18)

하나님의 뜻을 이룰 수 있는 자는, 진실함의 밑거름이 있는 사람입니다.

화평하게 하는 성도

| **화평**은 화목을 이루기 위해서 노력합니다. |

십계명 가운데 아홉 번째 "네 이웃에 대하여 거짓증거 하지 말라"라는 계명은 하나님과의 깨어진 사랑의 관계 회복을 위해 주신 하나님의 약속입니다. 하나님의 사랑은 모든 관계를 화평하게 만듭니다. 예수님은 팔복을 말씀하시면서 "화평하게 하는 자는 복이 있나니 그들이 하나님의 아들이라 일컬음을 받을 것임이요"(마 5:9)라고 하셨습니다. 마귀는 거짓으로 서로 다투고 분쟁하게 만들어서 관계를 깨트립니다. 거짓은 화평의 관계를 이루지 못하게 하는 걸림돌입니다. 지난 과에서는 하나님의 사랑으로 가득 차 있을 때 참되고 진실한 것을 말과 삶을 통해 나타낼 수 있음을 배웠습니다. 이번 과에서는 진실할 때 찾아오는 화평에 대해 배우려고 합니다. 그

소그룹 인도

사도신경 : 다 같이 | 찬송 : 327장 | 기도 : 회원 중 | 본문말씀 : 창 26:12-22
새길말씀 : 창 26:22 | 헌금 찬송 : 397장(통 454) | 헌금 기도 : 회원 중 | 주기도문 : 다 같이

리고 화평의 성품을 실천할 때 어떤 유익이 있는지 살펴보려고 합니다.

화평은 관계의 회복입니다

화평이란 구약성경에서는 '샬롬'이라는 말을 번역한 것입니다. '샬롬'은 두 가지 중요한 의미를 가지고 있습니다. 하나는 평화, 복지, 완전, 행복이고 또 다른 의미는 바른 인간관계입니다. 이것은 인간과 인간 사이의 친교, 친밀성, 깨어지지 않는 관계를 의미합니다. 신약성경에서는 '에이레네'라는 말로 사용되었는데 이 말의 의미는 '모든 일이 잘 풀리고, 문제가 없는 상태'를 의미하기보다는 '하나님의 나라와 하나님의 의가 이루어지는 것'을 의미합니다. 하나님의 의가 없는 곳에는 평화도 없습니다. 언제나 죄가 있는 곳에는 분열과 고통과 슬픔과 죽음이 있기 때문입니다. 그런데 이 화평의 출처는 하나님입니다. 예수님도 말씀하시기를 "평안을 너희에게 끼치노니 곧 나의 평안을 너희에게 주노라"(요 14:27)라고 하셨습니다. 이 화평을 우리에게 주시기 위해 예수님이 십자가를 지신 것입니다. 그래서 죄로 인해 깨어진 관계를 회복시키시고 하나 되게 하심으로 화평을 주신 것입니다. 먼저는 하나님과의 관계입니다. 그리고 나와 너와의 관계입니다. 그래서 우리가 예수 그리스도 안에 거할 때 비로소 예수님이 십자가에서 이루신 화평을 누릴 수 있습니다.

"그러므로 우리가 믿음으로 의롭다 하심을 받았으니 우리 주 예수 그리스도로 말미암아 하나님과 화평을 누리자"(롬 5:1)

화평은 하나님 나라의 특징입니다

하나님 나라는 죄로 말미암아 깨어졌던 모든 관계가 회복되어, 화평을 누리는 것입니다. 블레셋 사람들과의 우물 시비 사건은, 다투지 아니하고 양보함으로 선으로 악을 이기는 승리를 가르쳐 주고 있습니다. 그는 자신을 대적하는 자들과 다투지 않았습니다. 하나님이 더 좋은 것을 주실 줄 믿고 자리를 옮겨 우물을 팠습니다. 하나님이 주실 또 다른 우물을 기대하며 네 번씩이나 옮겨 우물을 팠습니다. 우리는 여기서 이삭의 인내와 다투지 않고 화평을 지키는 모습을 볼 수 있습니다. 화평의 반대는 다툼입니다. 이웃과의 다툼은 결국 하나님과의 관계를 깨뜨리려는 마귀의 전략입니다. 우리는 일상에서 많은 다툼을 경험합니다. 부부간의 작은 다툼이 가정파탄의 원인이 되는가 하면 이웃 간의 사소한 다툼이 생명까지 위협받는 경우도 있습니다. 또한 사소한 말다툼으로 교회 공동체가 분열되기도 합니다. 우리 삶에 분쟁이 해결되지 않는 이유는 나는 옳고 상대는 틀렸다는 자기중심적 사고에서 비롯되는 것입니다. 분쟁은 사소해 보이지만 누룩과 같아서 결국 관계를 깨트리는 결과를 낳게 됩니다. 그러므로 예수 그리스도께서 화평을 이루셨던 것처럼, 우리도 이웃을 용서하고 이해하고 사랑함으로써 우리 가운데 하나님의 나라가 이루어지는 것입니다.

"화평하게 하는 자들은 화평으로 심어 의의 열매를 거두느니라"(약 3:18)

화평하게 하는 성도가 되어야 합니다

하나님과의 관계를 회복하고 화평을 소유한 사람이, 다른 사람들과의 화평도 소중하게 생각하고 화평케 하는 자의 삶을 살게 됩니다. 하나님의 사랑으로 용서를 받아 하나님과 화평하게 된 그 사랑으로 이웃을 진정으로 사랑하고 용서할 때 화평할 수 있습니다. 이웃에 대해 악한 말이나 거짓을 말할 때 화평이 깨어집니다. 무엇보다 상대방을 이해하고 존중하고 사랑할 때 화평케 하는 자가 될 수 있습니다. 또 자신에게 주어진 상황을 받아들이면 불평이나 절망이 아니라 감사와 기쁨과 희망의 긍정적인 마음이 생겨 화평의 삶을 살게 됩니다. 계속되는 블레셋 사람들의 거짓 증거와 다툼에도 이삭은 선한 마음을 포기하지 않고 몇 번이고 양보했습니다. 결국 이삭을 대적했던 아비멜렉 왕은 하나님께서 이삭과 함께하심을 보고 두려워하여 전쟁 대신 평화조약을 제안했습니다. 화평의 사람 이삭은 이들의 화해의 요청을 받아들이며 잔치를 베풀었고 이삭과 블레셋과의 화평이 이루어졌습니다. 하나님을 온전히 신뢰했던 이삭은 끝까지 웃음을 잃지 아니하고 악을 선으로 갚았으며 불의한 가운데 선을 행함으로 화평을 이룰 수 있었습니다.

"그의 십자가의 피로 화평을 이루사 만물 곧 땅에 있는 것들이나 하늘에 있는 것들이 그로 말미암아 자기와 화목하게 되기를 기뻐하심이라"(골 1:20)

나와 다른 모든 사람과의 화평의 기초는, 하나님과의 화평입니다.

공동체를 세우는 화평

| **화평**은 화목을 이루기 위해서 노력합니다. |

지혜는 반드시 선한 삶을 통해 나타나야 함을 야고보는 가르치고 있습니다. 위로부터 난 지혜와 세상의 지혜는 성숙한 그리스도인과 성숙하지 못한 그리스도인의 모습을 설명합니다. 영적으로 미성숙한 상태에 있는 자들은 세상의 지혜를 따라 행하는 자들입니다. 이들은 자신의 생각이 가장 옳다고 생각하기 때문에 언제나 자기 유익을 구하고 교만합니다. 이처럼 교만한 사람은 공동체 안에서 시기와 다툼을 일으키고 거짓을 말합니다. 성숙한 그리스도인은 하나님께서 주시는 지혜를 따라 행하기 때문에 언제나 겸손하고 이웃을 세워줍니다. 여기서 지혜는 하나님과 그분의 뜻을 아는 것을 말합니다. 그러므로 지혜로운 사람의 관심은 자기 자신의 유익이 아니

소그룹 인도

사도신경 : 다 같이 | 350장(통 393) | 기도 : 회원 중 | 본문말씀 : 약 3:13-18
새길말씀 : 약 3:18 | 헌금 찬송 : 455장(통 507) | 헌금 기도 : 회원 중 | 주기도문 : 다 같이

라 무엇보다 하나님의 뜻을 찾고 순종하고자 애씁니다. 야고보가 말하는 선행은 공동체 안에서 시기와 다툼을 일으키지 않고, 서로 사랑하며 섬김으로 화평한 관계를 이루는 것입니다. 우리가 이처럼 화평을 이루게 될 때 주시는 하나님의 은혜에 대해 살펴보겠습니다.

화평하면 다툼이 사라집니다

다툼은 시기의 결과물입니다. 야고보가 '너희 마음속에'라고 말한 이유는 다툼의 근원이 마음에서 비롯되며, 그 마음이 문제를 악화시키기 때문입니다. 또한 다툼의 목적은 자기를 드러 내는 데 있습니다. 자기 생각을 고집하고 이웃을 배려하지 않을 때 다툼이 일어납니다. 그래서 다툼이 있는 곳에는 혼란과 모든 악한 일이 있다고 말씀합니다. 다툼을 억제하지 않은 채 내 버려 두거나 그것에 말려들면, 모든 악한 일이 들어오도록 문을 열어주는 것입니다. 다툼은 일상생활에서 막아야 하는 치명적인 적입니다. 그러므로 무엇보다 이 다툼에서 벗어나야 합니다. 예수님은 화목제물이 되기 위해 십자가에서 죽으셨습니다. 그리고 "화평하게 하는 자는 복이 있나니 하나님의 아들이라 일컬음을 받을 것이요"(마 5:9)라고 말씀하셨습니다. 화평은 저절로 이루어지는 것이 아니라 예수님처럼 자기를 부인하고 자기 십자가를 짐으로 화평이 이루어지게 됩니다. 우리가 화평할 때 하나님의 나라가 이루어지고 다툼은 사라지는 것입니다.

"모든 지킬 만한 것 중에 더욱 네 마음을 지키라 생명의 근원이 이에서 남이니라"(잠 4:23)

화평하면 교만한 말을 하지 않습니다

사람이 자기 자랑에 빠지게 되면 보다 과장하게 되고 자연스럽게 거짓이 동반됩니다. 자신의 이기적인 욕심으로 진리를 드러내기보다는 자신을 드러내거나 자기 생각을 관철시키기 위해 더 큰 관심을 갖게 됩니다. 자신의 무지로 인해 겸손하기보다는 알량한 지식을 자랑하고 결국 공동체 가운데 화평보다는 분쟁과 시기를 일으키게 됩니다. 우리는 공동체 속에서 살아갑니다. 작게는 가정에서 시작하여 학교, 직장, 교회에서 서로 상생하는 관계로 살아갑니다. 모든 조직이 하나님의 사랑으로 온전한 공동체가 되기 위해서는 자기 의견을 고집하기보다 상대방을 배려하고 이해하기 위해 힘써야 합니다. 내 생각보다는 하나님의 뜻을 먼저 구하고 예수님처럼 섬기는 자가 될 때, 자기 자랑에 빠지지 않고 겸손히 이웃을 섬기며 세워주는 자가 될 수 있습니다.

"무릇 더러운 말은 너희 입 밖에도 내지 말고 오직 덕을 세우는 데 소용되는 대로 선한 말을 하여 듣는 자들에게 은혜를 끼치게 하라"(엡 4:29)

화평하면 거짓을 도모하지 않습니다

화평은 세속적인 방법으로 이루어지지 않습니다. 그러므로 화평하게 하는 사람은 남에게 잘 보이려고 변장과 술수를 쓰지 않습니다. 자기만족을 도모하고 자기 성공을 꾀하면서 화평을 이루기 원한다면 반드시 시기와 분쟁을 일으킬 수밖에 없습니다. 그러나 하나님 나라를 꿈꾸고 하나님이 기뻐하는 삶을 살기를 원하는 사람은, 사랑과 섬김으로 이웃을 세워주고 자기를 부인함으로 화평하게 하는 일에 힘을 기울입니다. 이렇게 화평하게 하는 사람은, 화평을 위해 적극적으로 행동하는 사람, 화평을 위해 자기를 희생하는 사람입니다. 그러기 위해서 무엇보다 먼저 예수 그리스도의 십자가의 복음을 믿음으로 하나님과 화평을 이루어야 합니다. 이처럼 하나님과 화평을 이루는 것이 바로 구원이요 영생이요, 행복입니다. 그래서 먼저 하나님과 화평을 이룬 자에게, 이웃과의 화평뿐만 아니라 하나님과 세상 사람들을 화목하게 하는 책임도 맡겨 주신 것입니다. 그러므로 그리스도인으로서 화평하게 하는 자임을 명심하고, 그곳에서 하나님과 이웃과의 관계를 회복시키는 예수 그리스도의 증인 된 삶을 살아가야 할 것입니다.

"여호와께서 자기 백성에게 힘을 주심이여 여호와께서 자기 백성에게 평강의 복을 주시리로다"(시 29:11)

화평하게 하는 사람은, 화평을 위해 자기를 희생하며 적극적으로 행동하는 사람입니다.

제 10 계명

네 이웃의 집을 탐내지 말라!

하나님께서 언약의 백성인 이스라엘 백성들에게 주신 십계명은 두 가지 성격을 띠고 있습니다. 첫 번째는 하나님을 사랑하되 생명 다해 사랑하는 것이고, 또 한 가지는 네 이웃을 내 몸과 같이 사랑하는 것입니다. 예수님도 하나님을 섬기는 것 이외에 '이웃에 대한 사랑'을 가장 큰 계명이라고 말씀하셨고(마 19:19; 막 12:31), 예수님의 제자 야고보는 '이웃사랑'을 최고의 법으로 보았으며(약 2:8), 바울은 이웃사랑을 율법의 완성으로 여겼습니다(롬 13:9; 갈 5:14).

특별히 제9계명과 제10계명은 보다 구체적으로 거짓증거 하지 않고 소유를 탐내지 말아야 할 대상으로 "네 이웃"을 지목합니다. 가장 가까이 있는

소그룹 인도

사도신경 : 다 같이 | 찬송 : 263장(통 197) | 기도 : 회원 중 | 본문말씀 : 출 20:17

새길말씀 : 출 20:17 | 헌금 찬송 : 429장(통 489) | 헌금 기도 : 회원 중 | 주기도문 : 다 같이

이웃에 대해 진실하지 못하고 사랑하지 못한다면 보이지 않는 하나님을 진실하게 섬기고 사랑할 수 없기 때문입니다. 네 이웃의 집, 아내, 종, 소 나귀 등 모든 소유를 탐내지 말라는 열 번째 계명을 통해서 주시는 하나님의 말씀이 무엇인지 살펴보겠습니다.

탐심을 금하라는 것입니다

"네 이웃의 집을 탐내지 말라"에서의 '집'(바이트)이란 단순히 문자적인 집만을 가리키는 것이 아니라 그 집에 속한 모든 소유물 즉 가옥, 전답, 가축, 노예 심지어는 아내까지를 포함하는 가정의 모든 경제적 수단(소유)을 일컫는 것입니다. 그리고 '탐내다' 라는 말은 '가지거나 차지하고 싶어 하다' 는 뜻입니다. 따라서 이웃의 집을 탐낸다는 것은 이웃이 삶을 지탱하기 위한 필수적인 수단을 차지하고 싶어 한다는 뜻으로 이웃 소유에 대한 탐심은 결국 이웃의 생명을 죽이거나 몰락하게 하는 죄악을 낳게 됩니다.

이러한 탐심은 마음에서 비롯되어(잠 6:25) 결과적으로 사망에 이르게 하는 큰 죄악입니다(약 1:14-15). 그래서 예수님도 탐심을 물리치라고 하셨고 (눅 12:25) 사도 바울은 탐심을 우상숭배라고까지 표현합니다(골 3:25). 소유하고 싶은 탐심이 죄를 낳고 하나님보다 소유물을 더 중하게 여기는 것 자체가 우상숭배로 연결되기 때문입니다. 따라서 본 금지명령은 모든 죄악의 근거가 되는 불의한 욕망에 대하여 적극적으로 경고한 명령이라 볼 수 있습니다.

"사람의 행위가 자기 보기에는 모두 정직하여도 여호와는 마음을 감찰하시느니라"(잠 21:2)

받은 은혜를 깨닫고 기억하라는 것입니다

사람이 이웃의 소유를 탐내는 이유는 자신이 소유하고 있는 것에 대한 만족이 없기 때문입니다. 자신이 지금 누리고 있는 것들이 얼마나 감사한 것인지를 모르기 때문에 만족이 없고, 만족이 없기에 이웃의 소유를 탐내는 것입니다. 사람은 태어날 때부터 죽음을 맞이하는 순간까지 조금이라도 더 많이 소유하고 싶어 합니다. 많은 소유가 자신을 행복하게 해주리라 생각합니다. 하지만 예수님께서는 "그들에게 이르시되 삼가 모든 탐심을 물리치라 사람의 생명이 그 소유의 넉넉한 데 있지 아니하니라"(눅 12:15)고 말씀하셨습니다.

믿는 그리스도인들에게 필요한 물질적 자세는 내가 앞으로 얼마나 많은 것을 소유할 것인가가 아니라, 내가 하나님으로부터 얼마나 큰 은혜를 입은 자인가를 깨닫고 기억하는 것입니다. 사도 바울은 빌립보 교인들에게 어떤 형편에든지 자족할 것을 권면하면서 주님께서 우리와 항상 함께하고 계시다고 권면합니다(빌 4:13). 그리스도인들은 항상 눈에 보이는 세상에 마음을 두어서는 안 됩니다. 날마다 나와 함께 하시는 주님의 은혜를 기억하며 나 자신이 얼마나 큰 은혜를 받은 자인지를 기억해야 합니다(시 23:4). 하나님께 받은 은혜를 기억하며 살 때, 탐심으로부터 자유로워질 수 있습니다.

"내가 궁핍하므로 말하는 것이 아니니라 어떠한 형편에든지 나는 자족하기를 배웠노니 나는 비천에 처할 줄도 알고 풍부에 처할 줄도 알아 모든 일 곧 배부름과 배고픔과 풍부와 궁핍에도 처할 줄 아는 일체의 비결을 배웠노라 내게 능력 주시는 자 안에서 내가 모든 것을 할 수 있느니라"(빌 4:11-13)

마음의 욕심을 죽이려는 노력이 필요합니다

이웃의 소유물에 대한 탐심은 결과적으로 하나님의 존귀한 창조물인 사람을 죽게 하고 하나님이 세우신 공동체를 파괴하는 등 하나님의 사역을 역행하는 행위가 됩니다. 따라서 하나님을 믿는 그리스도인들에게 탐심을 제어하고 없애는 것은 매우 중요한 훈련입니다.

  그러나 인간은 본질적으로 눈에 보이는 것을 소유하고 싶은 욕구와 욕심이 있습니다(요일 2:16). 그렇기 때문에 그리스도인들은 주님의 은혜를 힘입어 이 땅에서의 눈에 보이는 탐심을 이겨내려는 의지와 노력이 필요합니다. 그래서 사도 바울은 골로새 교인들에게 "그러므로 땅에 있는 지체를 죽이라 곧 음란과 부정과 사욕과 악한 정욕과 탐심이니 탐심은 우상숭배니라"(골 3:5)고 권면했습니다. 탐심을 이기기 위해서는 우리의 의지와 노력 위에 전적인 하나님의 은혜와 성령의 도우심이 있어야 합니다. 이와 같이 전적인 하나님의 은혜 가운데 그리스도인들이 주님의 명령에 순종하고자 힘쓰고 애쓰고 노력할 때(기도, 예배, 금식 등), 주님께서는 그 명령을 온전히 지킬 수 있도록 힘과 능력을 더하십니다(사 40:31; 눅 11:13).

  "너희가 악할지라도 좋은 것을 자식에게 줄 줄 알거든 하물며 너희 하늘 아버지께서 구하는 자에게 성령을 주시지 않겠느냐 하시니라"(눅 11:13)

  이웃의 소유를 탐하려는 어리석음에서 자유할 수 있도록 늘 은혜를 구해야 합니다.

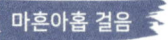

만족은 성숙한 믿음의 증거

| **만족**은 하나님께서 나의 현재와 미래의 행복에 필요한 모든 것을 이미 공급해 주셨음을 깨닫습니다. |

시편 23편은 다윗이 수많은 역경과 환란 가운데서 깨달은 진리를 찬양하는 노래입니다. 하나님으로 인해 얻은 만족과 기쁨은 세상이 주는 그 어떤 것과도 비교할 수 없습니다. 그것은 결코 물질이나 환경에서 주는 만족만을 의미하지는 않습니다. 진정 나의 목자이신 여호와 하나님과의 관계를 통해서 얻은 영혼의 기쁨입니다. 이러한 영혼의 기쁨, 즉 영적 만족은 오직 하나님께로부터 주어지는 은혜의 결과입니다. 그러므로 그리스도인은 육신의 욕망을 좇는 탐심을 품지 말라는 말씀을 잘 새겨들어야 합니다. 탐심은 그리스도인이 자족하지 못하기 때문에 생기는 죄악의 뿌리이기 때문입니다. 이러한 탐심을 뿌리 뽑기 위해서는 먼저 하나님과의 관계를 회

소그룹 인도

사도신경 : 다 같이 | 찬송 : 445장(통 502) | 기도 : 회원 중 | 본문말씀 : 시 23:1-6

새길말씀 : 시 23:1 | 헌금 찬송 : 569장(통 442) | 헌금 기도 : 회원 중 | 주기도문 : 다 같이

복하고 하나님께서 주시는 은혜를 갈망해야 합니다. 하나님께서 주신 계명 '네 이웃의 집을 탐내지 말라' 는 말씀은 자신의 것에 만족하며 하나님이 주시는 은혜로 살아가라는 것입니다. 이 명령에 순종하기 위해서는 하나님이 주시는 만족의 성품을 배우고 실천해야 합니다.

만족이란 하나님의 섭리를 믿는 것입니다

만족의 어원적 의미는 헬라어 '플레스모네' 입니다. 그 뜻은 '충만하다, 채우다' 라는 의미를 갖고 있습니다. 성경적 의미는 '현재의 형편을 하나님의 섭리로 믿고 기쁘게 받아들이는 것' 입니다. 만족이란 진정한 행복이 물질에 달려 있지 않음을 말합니다. 그럼에도 만족하지 못하는 이유는 성령의 인도 하심에 따라 살아가야 할 인생이 육신의 욕심을 좇아 살기 때문에 만족하지 못하고 불평하는 것입니다. 인간이 갖고 있는 육신적인 탐욕은 '무엇을 먹을까! 무엇을 마실까! 무엇을 입을까!' 에 대한 끊임없는 욕구입니다. 반면 영적인 존재로서의 인간은 결코 이러한 본능적인 욕구를 채운다고 해서 만족하지 않습니다.

다윗이 고백하는 만족은 바로 하나님과의 관계에서 얻은 것입니다. 하나님이 목자가 되셔서 늘 함께하시고 인도하시며 지켜 보호하심으로 얻는 만족입니다. 그러므로 만족은 그리스도인이 하나님과 올바른 관계를 유지하며 하나님의 섭리를 온전히 신뢰할 때 주어지는 은혜입니다.

"그가 사모하는 영혼에게 만족을 주시며 주린 영혼에게 좋은 것으로 채워 주심이로다"(시 107:9)

만족은 하나님과의 바른 관계를 증명합니다

그리스도인이 자신에게 주어진 삶에 만족할 수 있는 것은, 나의 모든 필요에 대해서 현재와 미래까지도 하나님께서 공급해주실 거라는 믿음이 있기 때문입니다. 만족은 하나님의 은혜에 대한 기쁨이고 함께 하심의 증거입니다. 다윗은 '하나님은 나의 목자이시며 나는 그의 양이라'고 고백하며 그로 인해 부족함이 없다고 했습니다. 여기서 부족함이 없다는 것은 문제가 없다는 것이 아니라, 여전히 사망의 음침한 골짜기를 다닐 수도 있고 생각지 않는 역경이 다가올 수도 있다는 것입니다. 그러나 여호와 하나님과의 관계에는 변함이 없는 것입니다. 이러한 흔들리지 않는 관계에서만이 진정한 만족이 주어집니다. 그러므로 만족하지 못하는 것은 하나님과의 관계에서 문제가 생겼다는 것입니다(합 3:17-18). 나에게 만족함 없다면 하나님과의 관계를 바르게 조정해야 합니다(회개). 하나님이 그리스도인에게 바라시는 만족은 하나님과의 올바른 관계에 근거한 만족입니다.

"비록 무화과나무가 무성하지 못하며 포도나무에 열매가 없으며 밭에 먹을 것이 없으며 우리에 양이 없으며 외양간에 소가 없을지라도 나는 여호와로 말미암아 즐거워하며 나의 구원의 하나님으로 말미암아 기뻐하리로다"(합 3:17-18)

하나님을 온전히 신뢰할 때에 만족할 수 있습니다

다윗은 푸른 초장 쉴만한 물가를 지날 때나, 사망의 음침한 골짜기를 지날 때나 하나님과의 관계를 확신했습니다. 그렇기 때문에 어떤 상황에서도 흔들리지 않고 하나님의 인도하심을 온전히 신뢰하며 따라갈 수 있었습니다. 목자의 인도함을 받는 양은 시력이 좋지 않아서 본인의 능력으로는 푸른 초장으로 스스로를 인도할 수 없고, 사망의 음침한 골짜기를 스스로 탈출할 수도 없습니다. 하지만 목자가 인도하는 대로 신뢰하며 따라가면 결국 푸른 초장과 쉴만한 물가로 갈 수 있고, 사망의 음침한 골짜기도 탈출할 수 있습니다(요 10:14). 팔레스타인 지역에서는 목자가 양을 이끌고 갈 때면 늘 앞에서서 인도합니다. 신기하게도 목자가 외치는 소리를 듣고 양들은 그 뒤를 따라갑니다. 절대로 양들은 낯선 소리에 움직이지 않습니다.

　그리스도인은 자신의 연약함을 주님 앞에 겸손히 인정하고 목자 되신 주님을 온전히 신뢰할 때에 자신의 삶의 진정한 만족을 경험하게 됩니다. 다윗은 사울에게 쫓겨나 죽을 고비를 수없이 넘겼습니다. 그때마다 그는 혼자라고 생각하지 않았습니다. 늘 하나님께서 나와 함께하심을 깊이 체험했습니다(4절). 그러므로 그리스도인의 삶 가운데 하나님과 동행하는 것은 우리의 인생을 만족게 하시는 하나님의 최고에 축복임을 깨닫기를 바랍니다.

"나는 선한 목자라 나는 내 양을 알고 양도 나를 아는 것이 아버지께서 나를 아시고 내가 아버지를 아는 것 같으니 나는 양을 위하여 목숨을 버리노라"(요 10:14)

성숙한 신앙은, 땅에 만족에서 하늘의 만족으로의 변화입니다.
부족함이 없다는 것은 문제가 없다는 것이 아니라, 하나님과의 관계에 변함이 없는 것입니다.

자족하라

| **만족**은 하나님께서 나의 현재와 미래의 행복에 필요한 모든 것을 이미 공급해 주셨음을 깨닫습니다. |

사도 바울의 회심 이후의 삶은 가난과 핍박의 연속이었습니다. 그럼에도 불구하고 '어떠한 형편에든지 내가 자족하기를 배웠다'라고 고백하고 있습니다(11절). 여기서 바울이 말하는 자족은 어떠한 환경이나 물질로 얻어진 것이 아니라, 그리스도 예수 안에서 주님이 주시는 능력으로 만족의 비결을 배웠다는 것입니다. '자족'이란 어떤 금욕주의자들이 말하는 마음을 다스림으로 얻어지는 것이 아니라, 하나님과의 바른 관계 속에서 주어지는 결과를 의미합니다. 십계명의 마지막 계명에서 하나님은 "네 이웃의 집을 탐내지 말라"고 명령하셨습니다. 다시 말하면 이웃의 재산을 부러워하고 탐하거나, 이웃의 성과에 시기하는 욕망을 버리고 자족하라는 말씀입니다.

소그룹 인도

사도신경 : 다 같이 | 찬송 : 254장(통 186) | 기도 : 회원 중 | 본문말씀 : 빌 4:10-13
새길말씀 : 빌 4:13 | 헌금 찬송 : 310장(통 410) | 헌금 기도 : 회원 중 | 주기도문 : 다 같이

그러면 자족을 통해 얻을 수 있는 교훈이 무엇인지 말씀을 통하여 살펴보겠습니다.

불평불만이 사라집니다

자족한다는 것은 모든 것이 하나님의 은혜이므로 남의 것을 탐내거나 탐욕의 지배를 받지 않는 것입니다. 북 이스라엘 7대 왕 아합은 최고의 권력과 최고의 부귀영화를 누리는 왕의 위치에서도 만족하지 못하고 힘없는 나봇이라는 평민의 포도원까지 빼앗아 자기 욕망을 채우려고 했습니다. 이처럼 욕심이 육신을 지배하면 불평과 불만이 떠나지 않습니다. 아무리 큰 부귀를 누리고 있어도 불평이 끊이지 않는 불행한 삶을 살게 됩니다. 이스라엘 백성들이 출애굽한 이후 광야에서 하나님의 많은 은혜로 살아가면서도 원망과 불평이 떠나질 않았습니다. 이러한 그들의 원망과 불평은 결국 광야에서 방황하다 죽고 말았습니다. 그러나 자족하는 사람, 여호수아와 갈렙은 오히려 하나님이 주신 약속을 붙잡고 믿음으로 말하고 믿음으로 행할 때 하나님은 그들의 믿음대로 가나안의 복을 받게 하셨습니다.

이처럼 자족하고 하나님의 약속을 붙잡고 나아갈 때 하나님이 함께하시고 그 믿음대로 약속을 이루어 주십니다. 자족하지 못하는 사람은 그 사람의 마음에 자기를 사랑하고 세상을 사랑하는 욕심이 지배합니다. 그러므로 무엇보다 하나님이 주신 모든 것을 믿음으로 받아들이고 자족함으로 감사한 마음과 기뻐하는 마음이 가득해야 합니다.

"범사에 감사하라 이것이 그리스도 예수 안에서 너희를 향하신 하나님의 뜻이니라"(살전 5:18)

경건의 유익을 줍니다

사도 바울은 빌립보에서 복음을 전하다 감옥에 들어갔습니다. 인간적으로는 어떠한 희망도 보이지 않는 곳에서 하나님을 찬양하며 기도했습니다(행 16:25). 이 모든 역사의 주관자가 하나님이심을 믿음으로, 어떠한 환경에서도 원망하지 않고 하나님의 뜻을 구했습니다. 이처럼 오로지 하나님의 주권을 믿었기 때문에 경건함을 유지할 수 있었습니다. 그때 옥문이 열리고 그를 묶고 있는 쇠사슬이 다 풀렸습니다(행 16:26). 그리고 이를 계기로 간수에게 복음이 전해졌고, 마게도냐의 첫 번째 교회인 빌립보 교회가 세워지게 되었습니다.

경건은 하나님과 친밀한 관계를 유지하는 것입니다. 우리가 자족하지 못하는 이유는 하나님 외에 다른 것을 마음을 두기 때문입니다. 이것이 또한 우상이 됩니다. 하나님으로 인해 기뻐하는 사람은 세상의 물질, 권력, 명예 등의 유혹에 흔들리지 않고 하나님이 주시는 은혜를 기뻐하며 즐거워함으로 육신의 욕망으로부터 자유 할 수 있습니다.

"그들에게 이르시되 삼가 모든 탐심을 물리치라 사람의 생명이 그 소유의 넉넉한 데 있지 아니하니라 하시고"(눅 12:15)

참된 행복을 얻습니다

행복은 주어진 것에 만족하는 마음입니다. 아무리 적은 것이라도 내가 만족하면서 감사할 때, 마음속에 참된 행복을 느끼게 됩니다. 예수님은 하나님께서 주시는 여덟 가지 복 가운데 첫 번째는 "심령이 가난한 자는 복이 있나니 천국이 그들의 것임이요"(마 5:3)라고 가르치셨습니다. 참된 행복은 마음이 가난한 자에게 주어집니다. 마음이 가난해지면 하나님이 그 안에 임하셔서 천국을 이루십니다.

국민일보 2001년 4월 25일 자 신문에 미국 워싱턴 근교 버지니아의 연로하신 권사님 이야기가 기사화되었습니다. 권사님은 29세에 혼자되었습니다. 당시 남편은 숨을 거두면서 "여보 고생 많았소! 미안하지만 이제 한 가지만 약속해주오. 아들들을 꼭 책임지고 키워주오"라고 유언했습니다. 이 젊은 과부는 온갖 고생을 하며 네 명의 어린 아들들을 키웠습니다. 밥상에 먹을 것이 없을 때는 자식들을 앉혀 놓고 "주님 오늘은 금식하게 해주셔서 감사드립니다"라고 했습니다. 양식이 있든 없든 늘 감사드리면서 아들들을 키웠습니다. 여자 혼자서 네 명의 아들을 키운다는 것은 결코 쉬운 일이 아니었습니다. 그러나 오로지 믿음과 감사로 아들들을 키웠고 결국 하나님은 어머니와 네 아들들에게 큰 복을 주셨습니다. 권사님의 네 아들은 미국에서 사회적으로나 신앙적으로 교회와 이웃에게 존경받는 훌륭한 사람이 되었습니다. 하나님을 신실하게 바라본 권사님을 보고만 보시지 않으셨습니다. 간섭하시고 친히 인도하셨습니다(시 23:4). 자신의 주어진 삶에 불평하지 않고 자족할 때, 하나님께 온전한 감사(행복)의 삶이 되는 것입니다.

"하나님이 능히 모든 은혜를 너희에게 넘치게 하시나니 이는 너희로 모든 일에 항상 모든 것이 넉넉하여 모든 착한 일을 넘치게 하게 하려 하심이라"(고후 9:8)

스스로 족한 줄 아는 깨달음! 이것이 참된 행복의 길임을 알게 하소서!

적극적인 만족의 실천, 베풂

| **베풂**은 보상을 바라는 동기없이 다른 사람의 기본 필요를 채웁니다. |

예수님을 시험하기 위해 다가온 한 율법 교사의 영생에 관한 질문에, 예수님은 율법에 무엇이라고 기록되었느냐? 물으십니다. 이에 율법 교사는 "마음을 다하고 목숨을 다하고 힘을 다하고 뜻을 다하여 하나님을 사랑하고 이웃을 사랑하는 것"이라고 자신 있게 대답했습니다(27절). 예수님의 옳다는 칭찬에 율법 교사는 다시 "그러면 내 이웃이 누구입니까?" 예수님께 질문했습니다. 그때 예수님은 선한 사마리아인의 비유를 통하여 우리가 사랑해야 할 이웃이 누구인지 말씀해 주셨습니다. 이웃사랑은 이웃을 골라서 사랑하는 것이 아니라, 누구든지 도움이 필요한 사람의 이웃이 되어주는 것임을 가르쳐 주셨습니다.

소그룹 인도

사도신경 : 다 같이 | 찬송 : 457장(통 510) | 기도 : 회원 중 | 본문말씀 : 눅 10:25-37
새길말씀 : 눅 10:36-37 | 헌금 찬송 : 220장(통 278) | 헌금 기도 : 회원 중 | 주기도문 : 다 같이

조건 없이 베푸는 사랑입니다

베풂이란 '거저 받았으니 거저 주라'는 주님의 가르침에 따라 내게 있는 것으로 주님을 섬기듯 이웃을 섬기는 것입니다(마 10:8). 베풂의 어원적 의미는 '사랑하고 가엽게 여기는 마음'입니다. 모든 사람을 차별 없이 사랑하는 사마리아 사람처럼 조건 없이 베푸는 사랑을 말합니다. 이는 세상을 향한 적극적인 사랑의 실천입니다(마 5:44). 하나님은 그리스도인에게 많은 것들을 맡겨주셨습니다. 베풂은 그리스도인에게 허락된 물질과 자원들을 지혜롭게 사용하고 나눔으로써 나와 이웃의 삶이 회복되는 것을 의미합니다. 내가 하나님께 얼마나 큰 사랑을 받았는지 기억하고 어떠한 대가를 기대하지 않고 마음껏 사랑하는 것입니다.

"나는 너희에게 이르노니 너희 원수를 사랑하며 너희를 박해하는 자를 위하여 기도하라"(마 5:44)

하나님은 베풂을 통해 모두를 풍성케 하십니다

하나님은 하나님의 사랑이 나를 통해 이웃에게 흘러가기를 원하십니다. 이 사랑은 베풂을 통해 구체적으로 표현됩니다. 세상 이치는 내게 있는 것을 남에게 베풀면 베풀수록 나의 것은 줄어들고 없어지는 것이지만 하나님의 이치는 매우 역설적입니다. 우리의 것을 이웃과 함께 나누고 베풀 때 더욱 풍성해진다는 것입니다(행 20:35). 강철왕 카네기는 수많은 역경을 통해 강철 회사를 설립했습니다. 그에게 있어 양보할 수 없는 기업 정신은 남에게 베푸는 것이었습니다. 그는 많은 사람에게 직업을 주고, 부의 목적을 '베풂'에 두었습니다. 이런 베풂이 산울림이 되어 결국 하나님께서는 그를 세기의 거부(巨富) '강철왕 카네기'로 만드셨고, 그의 베풂을 통해 수많은 사람들이 풍성함을 누릴 수 있게 되었습니다. 그리스도인이 베풂을 통해 하나님의 사랑을 나누는 축복의 통로가 되면, 하나님은 베푼 자와 받은 자 모두에게 풍성한 하나님의 사랑과 은혜를 깨닫게 하십니다.

"범사에 여러분에게 모본을 보여준 바와 같이 수고하여 약한 사람들을 돕고 또 주 예수께서 친히 말씀하신 바 주는 것이 받는 것보다 복이 있다 하심을 기억하여야 할지니라"(행 20:35)

베풂은 실천으로 완성됩니다

선한 사마리아 사람은 이론적으로 베풂에 대하여 잘 알고 있던 유대인들과 달리 실제적인 실천으로 베풂을 완성했습니다. 사마리아 사람은 갖가지 이유와 여러 상황을 고려했던 유대인들과 달리 아무 조건 없이 강도 만난 자에게 손을 내밀었습니다. 오직 강도 만난 자의 상황을 불쌍히 여기고, 긍휼히 여겼습니다. 누군가를 불쌍히 여긴다는 것은 그 사람과 함께 고통을 느낀다는 것입니다. 강도 만난 사람을 지나쳐간 유대인들은 그에게 단순한 동정심을 느끼는 데 그쳤습니다. 하지만 사마리아 사람은 하나님의 사랑으로 그의 고통을 함께 느꼈습니다. 그리고 실제적인 자기희생을 통하여 강도 만난 자의 필요를 채워주었습니다(34-35절). 이처럼 베풂에는 희생이 따릅니다. 머리로만 이해하고 말로 동정하는 것은 진정한 베풂이 아닙니다. 사마리아인처럼 자신을 희생하고 상대방의 필요를 채워주는 것입니다.

예수님의 사랑도 마찬가지입니다. 그저 말로만 외치신 것이 아닙니다. 자기를 비워 종이 되셨고 죽기까지 복종하시면서 사랑을 실천하신 것입니다(빌 2:6-8). 이처럼 그리스도인도 베풂을 실천하기 위해서는 자기를 내려놓아야 합니다. 자신을 부인해야 합니다. 그리고 주님이 우리를 사랑하신 것처럼 이웃을 사랑하는 것이 자기 십자가를 지고 주님을 따르는 것입니다(마 16:24). 이것은 고통이 아니라 기쁨입니다. 영광입니다. 무엇을 바라고 베푸는 사랑이 아닙니다. 내가 쓸 것이지만 이웃의 필요를 위해 아낌없이 희생하는 것이 바로 진정한 베풂입니다.

"누구든지 하나님을 사랑하노라 하고 그 형제를 미워하면 이는 거짓말하는 자니 보는 바 그 형제를 사랑하지 아니하는 자는 보지 못하는바 하나님을 사랑할 수 없느니라"(요일 4:20)

말뿐이었던 사랑이 이제 행동(희생)하는 베푸는 사람으로 거듭나게 하소서!

보상을 바라지 않는 베풂!

| **베풂**은 보상을 바라는 동기없이 다른 사람의 기본 필요를 채웁니다. |

예수님께서 마지막 심판의 때를 양과 염소의 비유를 통하여 말씀하셨습니다. 여기서 양과 염소의 판단 기준은 비유같이 지극히 작은 자 하나, 즉 소외되고 어려움을 겪는 이웃에게 선을 베푼 여부에 따라 결정됩니다(40, 45절). 하나님께서 우리에게 주신 열 번째 계명을 적극적으로 실천하는 길은 이웃에게 사랑을 베푸는 것입니다. 베풂은 자선, 구제, 나눔 등 하나님이 맡기신 은사나 재능 그리고 물질을 하나님의 영광을 위해 아낌없이 사용하는 것을 의미합니다. 사도 바울은 "도적질하는 자는 다시 도적질하지 말고 돌이켜 빈궁한 자에게 구제할 것이 있기 위하여 제 손으로 수고하여 선한 일을 하라"(엡 4:28)고 했습니다. 하나님이 원하시는 진정한 이웃사랑은

소그룹 인도

사도신경 : 다 같이 | 찬송 : 212장(통 347) | 기도 : 회원 중 | 본문말씀 : 마 25:31-46
새길말씀 : 마 25:40 | 헌금 찬송 : 455장(통 507) | 헌금 기도 : 회원 중 | 주기도문 : 다 같이

이웃의 것을 탐하지 않는 것을 넘어, 어려운 이웃을 살피며 적극적으로 선을 베푸는 데까지 나아가는 것입니다.

하나님의 사랑이 전해집니다

양의 편에 서 있는 사람들의 선행은 형제 중 지극히 작은 자에게 베풂을 실천한 것입니다. '내가 주릴 때에 너희가 먹을 것을 주었고 목마를 때에 마시게 하였고 나그네 되었을 때에 돌보았고 옥에 갇혔을 때에 와서 보았느니라'고 말씀하셨습니다(35-37절). 예수님의 이름으로 나아가 소외된 이웃에게 베풂을 실천할 때, 보이지 않는 하나님의 사랑이 전해집니다. 사랑은 말로만 하는 것이 아니라 행동으로 하는 것입니다(요일 3:18). 작은 것부터 실천해야 합니다(40절). 마음과 달리 잘 베풀지 못하는 이유는 너무 작다고 생각하거나, 나중에 큰 것을 베풀겠다는 생각 때문입니다. 성경에서 말하는 베풂은 따뜻한 말 한마디, 물 한 잔의 나눔과 같은 것입니다. 이런 작은 베풂을 통해 하나님의 사랑이 이웃에게 전해지게 됩니다. 하나님의 사랑이 전해진 곳에서는 큰 역사가 나타납니다.

"너희의 믿음의 역사와 사랑의 수고와 우리 주 예수 그리스도에 대한 소망의 인내를 우리 하나님 아버지 앞에서 끊임없이 기억함이니"(살전 1:3)

하나님께서 먼저 받으십니다

"임금이 대답하여 이르시되 내가 진실로 너희에게 이르노니 너희가 여기 내 형제 중에 지극히 작은 자 하나에게 한 것이 곧 내게 한 것이니라"라고 했습니다(40절). 베풂 자체가 하나님의 말씀이기에 실천하는 것이면 그것이 곧 하나님께 가까이 나아가는 것으로, 하나님은 우리의 선을 기억하십니다.

한국은행 사서로 일하던 김홍용 목사는 1993년부터 모 선교회가 서울역에서 매주 목요일 개최하던 철야 예배에서 "행려자들에게 숙식을 제공하는 곳은 있지만, 마음 놓고 씻을 수 있는 공간이 없다"라는 말을 듣고 나사로의 집을 세우기로 결심했습니다. 그리고 그들을 위해 서울역 부근 동자동 11번 지에 '나사로의 집'을 개원했습니다. 규모는 그리 크지 않은 15평 남짓에 불과하지만 동시에 10명 정도 이용할 수 있는 샤워 시설과 이발실, 그리고 1시간 안에 건조까지 마칠 수 있는 현대식 빨래방 시설을 갖추어 행려자들의 위생과 불편함을 해결해 주었습니다. "지극히 작은 자 하나에게 한 것이 곧 내게 한 것이니라"는 말씀을 즐겨 암송한다는 김 목사는 33년째 만성 신장결석증 환자로 오른쪽 콩팥을 떼어내고 1986년 나머지 한쪽마저 3분의 2를 잘라 현재는 고혈압과 협심증까지 겹쳐 혈압이 270-280을 오르내리는 위험한 상황이지만 욕심을 버리고 오늘도 하나님을 섬기듯이 행려자들에게 사랑을 실천하고 있습니다. 이렇게 생명을 다하여 진실하게 실천하는 베풂을 먼저 주님께서 받으십니다.

"네 구제함을 은밀하게 하라 은밀한 중에 보시는 너의 아버지께서 갚으시리라"(마 6:4)

삶을 통해 복음이 전파됩니다

예수님을 만난 삭개오는 이웃에게 베푸는 사람이 되었습니다. 탐심의 인생을 살았던 삭개오는 예수님을 만나 예수님의 사랑이 전해지면서 자기 안에 사랑의 베풂이 살아났습니다. 남보다 더 소유해야 행복하다고 생각했던 삭개오는 예수님을 만난 후 삶의 우선순위가 변화된 것입니다. 탐심으로 만족을 추구하며 살았던 지난날의 죄악을 회개하고 주님을 영접한 후 베푸는 삶으로 바뀌었습니다. 세상의 가치관은 삶의 우선순위가 물질에 맞춰져 있어 오로지 움켜쥐려고 하지만 기독교의 가치관은 삶의 우선순위가 하나님의 사랑에 맞춰져 있어 이웃에게 베푸는 것을 소중하게 생각합니다. 이렇게 이웃과 함께 나누는 삶이야말로 진정한 행복인 것을 깨닫게 됩니다. 그리고 우리가 이웃사랑을 실천할 때 비로소 복음이 삶을 통해 이웃에게 전해지게 됩니다.

사회의 발전이 가속화될수록 안타까운 현실은 빈부의 격차가 날이 갈수록 심화되고 있습니다. 여기에 우리 그리스도인들의 사명이 있습니다. '지극히 작은 자 하나에게 한 것이 곧 내게 한 것'이라는 가치를 가지고 곳곳에서 작은 나눔, 섬김, 기부운동을 실천한다면 그곳에 복음의 향기가 가득할 것입니다. 우리가 곧 하나님 나라가 되는 것입니다(눅 17:21).

"하나님이 그 아들을 세상에 보내신 것은 세상을 심판하려 하심이 아니요 그로 말미암아 세상이 구원을 받게 하려 하심이라"(요 3:17)

우리의 일상이 하나님 나라가 되어야 합니다.

부활절

부활의 복을 받는 그리스도인

찰스 알렌은 3가지의 눈이 있다고 했습니다. 첫째는 육체적인 눈으로 사물을 보고 느낄 수 있는 눈입니다. 두 번째는 정신적인 눈입니다. 비판하고 추리하고 통합하는 사고의 눈을 말합니다. 그리고 세 번째는 영적인 눈입니다. 하나님과 하나님의 세계를 볼 수 있는 눈을 말합니다. 사람은 육체의 눈도, 정신적인 눈도 있습니다. 그런데 무엇보다도 중요한 것은 영적인 눈입니다. 특히 그리스도인은 하나님과 하나님의 나라를 볼 수 있어야 합니다. 영적인 세계를 보지 못하고 어떻게 예수님을 믿을 수 있겠습니까?

예수님께서 죄와 죽음의 권세를 이기시고, 부활하신 날을 부활절이라고

소그룹 인도

사도신경 : 다 같이 | 찬송 : 165장(통 155) | 기도 : 회원 중 | 본문말씀 : 막 16:1-6

새길말씀 : 막 16:6 | 헌금 찬송 : 160장(통 150) | 헌금 기도 : 회원 중 | 주기도문 : 다 같이

합니다. 예수 그리스도의 부활은 기독교 신앙의 핵심 진리요 그리스도인의 산 소망입니다. 그리스도인의 소망이 되는 부활이 가져다주는 복이 무엇인지 살펴보겠습니다.

가로막힌 돌문이 열리는 복입니다

이스라엘의 장례문화는 우리나라처럼 시신을 매장하는 것이 아니라 시신을 굴에 넣고 큰 돌문으로 그 입구를 막는 것입니다. 여인들은 무덤에 가면서 말하기를……. "누가 우리를 위하여 무덤 문의 돌을 굴려 주리요"(3절)라고 근심하며 가고 있습니다. 그리고 이 돌은 '심히 큰 돌'이라고 합니다. 여인들은 근심은 '누가 무덤의 돌을 굴려 줄까?' 였습니다.

우리도 '누가 내 앞에 가로막혀 있는 돌을 굴려 줄 것인가?' 라고 고민할 때가 많습니다. 그런데 무덤에 도착해보니 돌이 벌써 굴려져 있었습니다. 이것이 부활이 가져다주는 복입니다. 세상에는 우리 힘으로 해결할 수 없는 '큰 돌'들이 얼마나 많은지 모릅니다. 이 돌들로 인해 힘들어하고, 때로는 주저 앉기도 하고, 포기할 때도 있었습니다. 그러나 포기하지 마십시오. 우리를 도와주시는 분은 부활하신 주님이십니다. 막혀있는 큰 돌을 부활하신 주님께 맡기시기 바랍니다. 그러면 부활의 주님이 도와주십니다.

"안식 후 첫날 새벽에 이 여자들이 그 준비한 향품을 가지고 무덤에 가서 돌이 무덤에서 굴려 옮겨진 것을 보고 들어가니 주 예수의 시체가 보이지 아니하더라"(눅 24:1-3)

부활의 소식을 듣는 복입니다

안식 후 첫날 막달라 마리아 야고보의 어머니 마리아와 살로메는 예수님의 장례를 위해 사두었던 향품을 가지고 일찍이 해 돋을 때 예수님의 무덤을 찾아가고 있었습니다. 이 여인들은 예수님의 부활에 대해서 전혀 알지 못했습니다. 그런데 무덤에 도착하고 나서 부활의 소식을 듣습니다. "무덤에 들어가서 흰 옷을 입은 한 청년이 우편에 앉은 것을 보고 놀라매 청년이 이르되 놀라지 말라 너희가 십자가에 못 박히신 나사렛 예수를 찾는구나 그가 살아나셨고 여기 계시지 아니하니라 보라 그를 두었던 곳이니라"(5-6절)라고 말했습니다.

예수님의 부활의 소식은 기쁜 소식이었습니다. 하지만 기쁜 소식임에도 여인들은 몹시 놀라며 무서워했습니다(막 16:8). 그것은 믿기 어려운 소식이었고 믿을 수 없는 일이었기 때문입니다. 이렇게 믿기 어려운 소식을 듣고 부활의 증인이 되는 것은 큰 복입니다.

이 땅에는 아직도 부활의 소식을 듣지 못한 사람들이 너무나 많이 있습니다. 그들에게 부활의 기쁨과 감격을 가지고 예수님의 부활의 기쁜 소식을 전해야 합니다.

"천사가 여자들에게 말하여 이르되 너희는 무서워하지 말라 십자가에 못 박히신 예수를 너희가 찾는 줄을 내가 아노라 그가 여기 계시지 않고 그가 말씀 하시던 대로 살아나셨느니라 와서 그가 누우셨던 곳을 보라"(마 28:5-6)

부활하신 주님을 만나는 복입니다

여인들이 가로막혔던 '돌문이 열린 것'도 복이고, '부활의 소식을 들은 것'도 복이었지만, 더 귀한 것은 '부활의 주님을 만난' 것입니다. 부활하신 주님을 막달라 마리아가 제일 먼저 만났습니다. "예수께서 안식 후 첫날 이른 아침에 살아나신 후 전에 일곱 귀신을 쫓아내어 주신 막달라 마리아에게 먼저 보이시니"(막 16:9)

막달라 마리아는 예수님이 십자가에서 돌아가신 후, 예수님의 시신이라도 보고 향품을 넣어 드리려고 무덤에 갔다가 부활하신 주님을 만나게 되었습니다. 막달라 마리아는 그 누구보다 주님을 헌신적으로 섬겼던 사람입니다. 그녀가 일곱 귀신에 사로잡혀 살았을 때, 주님께서 귀신을   아 내 주신 후 그녀는 주님이 수난을 받으실 때도 떠나지 않고 십자가 밑에 있었습니다. 주님께서 장사 되는 순간에도 그곳에 있었으며, 안식일이 끝나자마자 즉시 향품을 사서 이른 아침 일찍 무덤을 찾아갔던 여인이었습니다. 이와 같이 주님에 대한 그녀의 사랑과 헌신은 누구보다 절실했습니다. 이렇게 헌신했던 막달라 마리아에게 부활하신 주님은 가장 먼저 나타나셔서 그녀를 위로해 주셨습니다.

주님은 오늘날도 진심으로 사랑하고 헌신하며 주님을 찾는 사람을 만나주십니다. 우리는 어렵고 힘들 때나 기쁘고 슬플 때에도, 항상 하나님을 찾아야 합니다. 그리하면 하나님은 만나주시고 우리와 함께해 주십니다.

"그들은 예수께서 살아나셨다는 것과 마리아에게 보이셨다는 것을 듣고도 믿지 아니하니라"(막 16:11)

부활하신 주님을 만나는 것이 가장 큰 복입니다.

맥추절

맥추절을 지키라

감사를 잊어버리고 산다는 것은 가장 귀한 것을 잃어버리고 사는 것과 같습니다. 오늘날 우리는 과거 어느 때 보다 풍요롭고 편리함 속에 살아가고 있습니다. 이러한 풍요로움 속에 살면서 마음은 불평과 불만 속에 살고 있지는 않은지 돌아봐야 합니다. 마음에 불평과 불만으로 차 있다면 그것은 이미 주어진 것에 대한 감사보다는, 현재 없는 것을 찾아 불평하는 습관을 갖고 있기 때문입니다.

이스라엘 백성들은 하나님의 명령을 따라 감사하는 3대 절기를 지켰습니다. 430년간 애굽의 종살이에서 해방을 주신 은혜를 기억하고 감사하는 유월절과 여름 곡식을 거두어들이고 햇곡식을 먹게 하심을 감사하는 맥추절

소그룹 인도

사도신경 : 다 같이 | 찬송 : 587장(통 306) | 기도 : 회원 중 | 본문말씀 : 신 16:9-12
새길말씀 : 잠 3:9 | 헌금 찬송 : 591장(통 310) | 헌금 기도 : 회원 중 | 주기도문 : 다 같이

그리고 가을 곡식을 거두어들이고 창고에 저장한 후에 감사하는 수장절입니다. 이런 절기들을 지키게 함은 이스라엘 백성들로 하여금 기쁨과 감사를 깨달아 표현하도록 훈련시키기 위한 것입니다.

감사하는 마음으로 지켜야 합니다

칼 힐티는 그의 '행복론'에서 행복의 첫 번째 조건을 감사라고 말했습니다. 칼 힐티는 말하기를 "감사하라! 그러면 젊어진다. 감사하라! 그러면 발전이 있다. 감사하라! 그러면 기쁨이 있고 행복하다"라고 말했습니다. 중요한 것은 행복하기 때문에 감사하는 것이 아니라, 감사하기 때문에 행복해진다는 것입니다. 감사는 먼저 마음으로 생각하고, 입으로 표현하며, 행동으로 옮겨야 합니다. 이것이 참 감사입니다. 그래서 감사에는 3가지 표현으로 감사해야 합니다. 하나는 마음으로 감사하는 것이고, 두 번째는 말로 감사하는 것입니다. 그리고 세 번째는 물질로 감사하는 것입니다.

맥추절은 감사로 하나님을 섬기는 절기입니다. 이스라엘 백성은 첫 곡식과 열매로 하나님께 제사드릴 때 감사드릴 수밖에 없었습니다. 그것은 지난날 애굽의 노예 생활에서 해방시켜 주시고 광야 40년을 보호해주시고 가나안 땅을 주셔서 농사를 짓고 살아갈 수 있도록 하셨으니 감사할 수밖에 없는 것입니다. 그래서 맥추절의 절기는 먼저 마음으로 감사하고, 마음에서 우러나오는 감사를 말로 감사하며, 첫 곡식을 가지고 감사의 제사를 드리며, 자원하는 예물을 드리는 절기입니다. 이렇게 감사로 드리는 절기가 맥추절입니다.

"감사로 제사를 드리는 자가 나를 영화롭게 하나니 그의 행위를 옳게 하는 자에게 내가 하나님의 구원을 보이리라"(시 50:23)

모여야 합니다

맥추절은 가나안 땅에서 농사지으며 거둬들인 첫 곡식인 보리와 밀을 가지고 하나님께 감사하며 지키는 절기입니다. 이때 하나님께서 복을 주신 대로 헤아려 자원하는 예물을 드리는 것입니다(10절). 이처럼 맥추절은 하나님께서 주신 복을 누리며 감사함으로 지키는 절기로 노동을 금지하고 있습니다. "이날에 너희는 너희 중에 성회를 공포하고 어떤 노동도 하지 말라"(레 23:21)고 하였습니다.

"성회"는 '거룩한 모임'을 말합니다. 이날은 어떤 노동도 하지 말고 모이라는 겁니다. 맥추 감사 주일은 노동을 금하고 모두 함께 모여 오직 하나님을 찬양하고, 경배하는 제사를 드려야 합니다. 이처럼, 맥추감사 주일은 하나님이 특별히 정하신 날인만큼 구별된 날로 지켜야 합니다.

> "사랑은 여기 있으니 우리가 하나님을 사랑한 것이 아니요 하나님이 우리를 사랑하사 우리 죄를 속하기 위하여 화목 제물로 그 아들을 보내셨음이라"(요일 4:10)

이웃과 더불어 기쁨을 나누어야 합니다

맥추절은 어려운 이웃들과 같이 화목하고 즐거워하며 지켜야 합니다. "너와 네 자녀와 노비와 네 성중에 거하는 레위인과 너희 중에 있는 객과 고아와 과부가 함께 네 하나님 여호와께서 그 이름을 두시려고 택하신 곳에서 네 하나님 여호와 앞에서 즐거워할지니라 너는 애굽에서 종 되었던 것을 기억하고 이 규례를 지켜 행할지니라"(신 16:11-12)고 했습니다

애굽의 노예로 어렵게 살았던 때를 기억해서 가난하고 힘들게 사는 사람들과 함께 기뻐하고 즐거워하라는 것입니다. 이렇게 가난하고 어려운 이웃과 화목하라는 것은 지난날을 잊지 말라는 것입니다. 맥추절이 즐거운 절기인 만큼 가난하고 소외된 이웃과 함께 즐겁게 지내야 합니다. 이것이 애굽에서 종 되

었던 것을 기억하는 것입니다(12절). 따라서 하나님의 은혜에도 감사해야 하지만, 가난하고 어려운 이웃들을 생각하고, 함께 섬기는 절기가 맥추감사절입니다.

"내 사랑하는 형제들아 들을지어다 하나님이 세상에서 가난한 자를 택하사 믿음에 부요하게 하시고 또 자기를 사랑하는 자들에게 약속하신 나라를 상속으로 받게 하지 아니하셨느냐"(약 2:5)

하나님의 은혜를 이웃과 함께 나누며 감사드립니다.

추수감사절

추수감사절을 지키라

시 편 136편을 보면 감사하라는 단어가 모든 절에 나옵니다. "여호와
께 감사하라, 하나님께 감사하라, 주께 감사하라"는 단어들이 나옵
니다. 왜 감사하라고 말씀하셨습니까? 하나님의 선하시며, 그 인자하심이 영
원하기 때문입니다. 우리가 믿는 하나님은 땅을 만드시고, 해를 만드시고,
달과 별들을 만드신 분이시기 때문에 감사하라고 말씀하셨습니다.

이스라엘 백성들이 감사하며 지켰던 3대 절기가 있습니다. 바로 유월절,
오순절, 초막절입니다. 3대 절기 중 이스라엘 백성이 광야 생활을 기념하기
위해서 집에서 자지 않고 광야에서 초막을 짓고 지내기 때문에 초막절이라고
도 하며, 한 해 농사를 지어 거둬들인 곡식을 저장하는 날이므로 수장절이

소그룹 인도

사도신경 : 다 같이 | 찬송 : 588장(통 307) | 기도 : 회원 중 | 본문말씀 : 시 136:1-26
새길말씀 : 시 136:1 | 헌금 찬송 : 592장(통 311) | 헌금 기도 : 회원 중 | 주기도문 : 다 같이

라고 했습니다. 바로 초막절, 수장절의 절기가 추수감사절입니다.

추수감사절은 감사하며 지켜야 합니다

성전에 들어와서 감사하라고 했습니다. "감사함으로 그의 문에 들어가며" (시 100:4)라는 말씀처럼 '감사함으로 그 문에 들어가라'는 말은 감사함으로 성전에 나아가는 것입니다. 그리고 모여서 찬송으로 감사해야 합니다. "찬송함으로 그의 궁정에 들어가서 그에게 감사하며 그의 이름을 송축할지어다" (시 100:4)라고 합니다. 감사하는 자는 찬송이 나오고, 찬송하는 입술과 마음에는 불평이나 원망이 없습니다. 이처럼 범사에 감사하면, 범사에 찬송하게 됩니다. 찬송은 끊임없는 감사의 샘입니다.

이스라엘 백성들은 사람이 살 수 없는 땅임에도 그곳에서 하나님의 은혜로 40년을 살아갔습니다. 40년 동안에는 힘겨움에 지치고 아픔이 있을 수 있습니다. 그러나 그 시간이 지나고 가나안 땅에 정착하고 나서는, 그 모든 시간이 하나님의 은혜라는 것을 깨닫게 됩니다. 그리고 감사할 수밖에 없음을 알고 광야에서 하나님의 은혜를 느끼며 감사로 드리는 절기가 수장절이고, 오늘날의 추수감사절입니다.

"범사에 감사하라 이것이 그리스도 예수 안에서 너희를 향하신 하나님의 뜻이니라" (살전 5:18)

주님이 주신 복으로 감사해야 합니다

성전에 모여서 찬송하며 감사하는 것은 그리스도인으로서 매우 소중한 모습입니다. 특히 추수감사절은 한 해 동안 주님이 주신 복을 기억하고 마음을 다해 감사함으로 예배를 드려야 할 뿐만 아니라, 물질로도 감사예배를 드려야 합니다. "너는 마땅히 매년 토지 소산의 십일조를 드릴 것이며 네 하나님 여호와 앞 곧 여호와께서 그 이름을 두시려고 택하신 곳에서 네 곡식과 포도주와 기름의 십일조를 먹으며 또 네 소와 양의 처음 난 것을 먹고 네 하나님 여호와 경외하기를 항상 배울 것이니라"(신 14:22-23)고 했습니다.

이스라엘 백성들은 레위인들을 봉양하거나 사회적인 구제사업을 목적으로 매년 토지 소산이나 가축의 십일조를 절기 때 바쳤습니다. 그것은 이스라엘 백성들 모두가 함께 즐거워하고 기뻐하기 위함입니다. 수장절이 이스라엘 백성들 모두가 즐겁게 지킬 수 있는 절기인 것처럼, 추수감사절은 우리 주변에 소외되고 어려운 사람들과 함께 기쁨과 감사를 나누어야 합니다.

"서로 친절하게 하며 불쌍히 여기며 서로 용서하기를 하나님이 그리스도 안에서 용서하심과 같이하라"(엡 4:32)

하나님은 감사할 때 복을 주십니다

M. J. 라이언은 '감사'라는 책에서 "감사하면 기쁨이 넘치며, 언제나 생기가 있고 우울증이 치료되고, 감사하면 건강해지고 걱정 근심이 없어지며, 매력적인 사람이 되고 고통과 분노가 사라진다고"했습니다. 이처럼 감사하면 놀라운 일들이 일어납니다. 영적인 생활에도 적용됩니다. 감사하는 사람이 영적으로도 건강합니다. 또한 감사하는 마음이 생길수록 그만큼 행복해집니다.

초대교회의 교부였던 크리소스톰은 "사람에게는 근본적인 죄가 하나 있는데 그것은 감사하지 않는 죄"라고 말했습니다. 행복을 얻기 원한다면 범사에 감사해야 합니다. 행복은 소유에 비례하는 것이 아니라 감사에 비례합니다. 감사가 적으면 행복도 적어지고, 감사 많으면 행복도 가득 차게 됩니다.

추수감사절을 맞이하여 그리스도인은 항상 하나님 앞에 감사해야 합니다. 하지만 감사하지 못하게 하는 것들이 있습니다. 그것은 교만한 마음과 불평하는 태도입니다. 그리스도인이라면 이와 같은 것들을 늘 조심하고 경계해야 합니다. 불평하고 원망하던 이스라엘 백성들은 광야에서 다 죽었습니다. 원망과 불평은 죄입니다. 그러므로 범사에 그리스도인들은 감사해야 합니다. 지극히 작고 평범한 사건들 속에서도 감사의 조건을 찾아 감사하는 추수감사절로 지킬 때, 하나님이 약속하신 복을 받을 수 있습니다.

"주 안에서 항상 기뻐하라 내가 다시 말하노니 기뻐하라"(빌 4:4)

감사하다고 말로 고백하면, 감사의 소리도,
감사의 분량도 커지고, 감사의 조건도 많아집니다.

성탄절

임마누엘의 하나님

"임마누엘"은 히브리어로 '하나님이 우리와 함께 계시다'라는 뜻입니다. "보라 처녀가 잉태하여 아들을 낳을 것이요 그 이름은 임마누엘이라 하리라 하셨으니 이를 번역하면 하나님이 우리와 함께 계시다 함이라"(23절)고 말씀하였습니다. 이 말씀은 예수님이 오시기 700년 전에 이사야를 통해서 메시야가 오실 것을 예언한 말씀입니다. 메시야로 오시는 자는 '동정녀 탄생'이라고 말하고, 그 이름은 "임마누엘"이라고 했습니다. "그러므로 주께서 친히 징조로 너희에게 주실 것이라, 보라 처녀가 잉태하여 아들을 낳을 것이요 그 이름을 임마누엘이라 하리라"(사 7:14)

"임마누엘"은 '임마누'와 '엘'의 합성어입니다. '임마누'는 '우리와 함께

소그룹 인도

사도신경 : 다 같이 | 찬송 : 109장(통 109) | 기도 : 회원 중 | 본문말씀 : 마 1:21-23
새길말씀 : 마 1:23 | 헌금 찬송 : 123장(통 123) | 헌금 기도 : 회원 중 | 주기도문 : 다 같이

하다' 이고, '엘'은 '하나님'이란 뜻입니다. 즉 "임마누엘"은 '하나님이 우리와 함께하신다' 라는 뜻입니다. 예수님이 이 땅에 오신 성탄절은 바로 하나님께서 우리와 함께하시기 위해 오신 사랑으로 가득한 날이며, 영광스럽고 기쁜 날입니다.

약속을 믿는 자와 하나님은 함께 하십니다

세상에는 많은 약속이 있습니다. 부부간의 약속도 있고, 부자간의 약속도 있으며, 사제간의 약속도 있고, 친구와의 약속도 있습니다. 정치하는 정치인들도 많은 공약의 약속을 합니다. 그런데 이러한 약속들이 잘 지켜지지 않고 자신의 이익에 따라 변질되는 것을 보게 됩니다. 하지만 하나님의 약속은 그대로 이루어집니다. 이사야 시대에 약속하신 메시야의 동정녀 탄생이 변함없이 성취되었습니다.

하나님이 메시야를 주시겠다는 약속은 마리아를 통해서 이루어졌습니다. 마리아는 당시 요셉과 정혼한 사이였습니다. 정혼은 요즈음 식으로 말하면 약혼과 같은데, 유대인의 정혼은 약혼보다 더 구속력이 있었습니다. 그래서 정혼한 사람의 남편이 죽으면, 그 처녀는 법적으로 과부로 간주하였습니다. 이러한 여자를 율법적으로 과부 처녀라고 불렀습니다. 마리아는 비록 가난하였지만 신앙이 좋고 예의가 바르고 요셉과 정혼하고 결혼할 날을 손꼽아 기다리며 큰 기대에 부풀어 살았던 처녀였습니다. 그런데 어느 날 밤 가브리엘 천사로부터 너무나 충격적인 소식을 듣습니다. 그것은 수태하여 아들을 낳는다는 소식이었습니다(눅 1:26-38). 마리아는 신앙으로 순종하면서 이 모든 일을 받아들이고 하나님의 섭리에 동참합니다(눅 1:38). 또한 요셉도 주의 사자가 분부한 대로 마리아 데려오기를 주저하지 않고 신앙으로 순종합니다(마 1:24). 그리고 아들을 낳기까지 동침하지 않으며 하나님의 역사에 함께합니다(마 1:25). 이처럼 신실하신 하나님의 약속은 변치 않고 이루어집니다. 이사야에게 말씀하셨던 메시야의 약속이 이루어진 것입니다.

하나님은 마리아와 요셉처럼 하나님의 말씀의 약속을 믿고 따르는 성도들에게 임마누엘의 보호하심과 인도하심으로 함께하십니다.

"아들을 낳으리니 이름을 예수라 하라 이는 그가 자기 백성을 그들의 죄에서 구원할 자이심이라 하니라"(마 1:21)

주의 고난에 동참하는 자들과 하나님은 임마누엘 하십니다

마침내 마리아와 요셉은 하나님의 뜻에 동참하기 위해 고난의 길을 선택했습니다. 아기 예수님을 잉태함으로 마리아의 일생은 고난의 연속이었습니다. 요셉과 마리아는 결혼하여 다른 부부들처럼 아기자기한 가정을 갖지 못했습니다. 요셉과 마리아는 결혼을 했지만 같이 잠을 자지도 안 했습니다. 마태복음 1장 25절은 "아들을 낳기까지 동침치 아니하였다"라고 했습니다. 부부가 되었으나 아기를 낳기까지 형식적인 부부에 불과했습니다. 만삭이 된 마리아를 데리고 호적 하러 베들레헴까지 갔다가 객지에서 아이를 낳아야만 했습니다. 그것도 아이 낳을 곳이 없어서 마구간에서 아기를 출산하는 고난을 감당해야 했습니다. 또한 아기가 두 살 때는 멀리 애굽까지 피난을 가야했습니다.

메시야는 완전한 인성과 신성을 가져야 했습니다. 그래서 예수님은 육체적인 방법이 아닌 신령한 방법으로 이 땅에 오셨습니다. 왜냐하면, 인류의 죄를 구속하시기 위해서는 흠 없는 제물처럼 죄가 있어서는 안 되기 때문입니다. 이러한 하나님의 역사를 이루기 위해 요셉과 마리아는 순종했습니다. 이로 인해 육체적으로는 많은 고난이 따랐으나 영적으로는 다른 사람들이 누리지 못하는 보람과 기쁨을 누리고 많은 기적도 체험했습니다. 하나님께서 무엇을 맡기시든지 자신의 부족을 보지 말고, 담대히 나아가야 합니다. 이럴 때 임마누엘의 하나님이 우리와 함께하십니다.

> "우리가 사방으로 우겨쌈을 당하여도 싸이지 아니하며 답답한 일을 당하
> 여도 낙심하지 아니하며 박해를 받아도 버린 바 되지 아니하며 거꾸러뜨림
> 을 당하여도 망하지 아니하고"(고후 4:8-9)

주님은 믿고 따르는 자에게 임마누엘 하십니다

하루는 제자들이 배를 타고 갈릴리 바다를 건너고 있었습니다. 그런데 갑
자기 바람이 불고 풍랑이 일기 시작하더니 곧 배가 파선할 지경이 되었습니
다. 이때 제자들은 모두 죽음의 공포와 두려움에 휩싸여 있었습니다. 그때
예수님은 풍랑 위를 걸어 제자들에게로 찾아오십니다. 그리고 두려워하는
제자들에게 "내니 두려워 말라"고 말씀하십니다(막 6:50). 그리고 바람과
바다를 꾸짖어 잠잠케 하셨습니다. 이처럼 늘 주님을 믿고 따르는 제자들과
함께하시는 예수님은 지금도 우리와 함께하십니다.

예수님은 죄로 인해 심판받을 수밖에 없는 우리를 구원하시고, 하나님의
백성 삼으시기 위해 오셨습니다. 그러므로 임마누엘의 큰 은총을 받기 위해
서는 예수님을 구세주로 믿고 구원받는 하나님의 자녀가 되어야 합니다. 이
것이 바로 예수님이 이 땅에 오신 목적입니다. "아들을 낳으리니 이름을 예
수라 하라 이는 그가 자기 백성을 그들의 죄에서 구원할 자이심이라 하니
라"(11절)고 말씀하셨습니다.

예수님은 우리와 함께하시기 위해 낮고 천한 이 땅에 오셨습니다. 그 자리
가 비록 어렵고 고난의 자리라도, 눈물과 한숨짓는 절망의 자리라도 주님은
찾아오십니다. 그리고 위로하시며 용기를 주십니다. 성탄의 진정한 기쁨은
주님이 계신 자리에 함께할 때 있습니다.

> "우리 주 예수 그리스도의 은혜를 너희가 알거니와 부요하신 자로서 너희

를 위하여 가난하게 되심은 그의 가난함을 인하여 너희로 부요케 하려 하심이니라"(고후 8:9)

임마누엘의 복 가득한 자리에는 죽인 자가 자유를 얻습니다.